キャンプ動画数700本以上!

タナさんにイチから教わる

# ようこそ ソロキャンプ!

Welcome Solo Camp taught by TANA

著：タナ

マイナビ

## はじめに

深い森に囲まれ、一人、焚火を見つめるひと時――。

パチパチとはぜる薪、肉の焼ける匂い、時折、カランとグラスを鳴らす氷。そして、赤々と揺れる炎は、本当にいつまでも見飽きることがない。

ソロキャンプは、僕にとって特別な時間だ。東京を離れ、非日常の中に身をおき、そこに溢れる自然の要素、空気、風、水の音、緑に囲まれていると、本当にリラックスできる。一人でぼうっとしている時間が、ただのぼうっとしている時間ではないのだ。今どきは、スマホを持ち込むことも可能だが、あえてインターネットにつながないで、何もない中にいると、自然と向き合う以外になくなってくる。

「ああ、昔の人はこんなだったのかな」

野に暮した人間本来の感覚が蘇るような気がするのだ。瞑想ってこんな感じかも知れない。東京では、絶対に味わえないものだ。

そういう僕も初めからソロキャンプをしていたわけではない。初心者の頃は友人に連れて行ってもらった。焚火や野外料理の楽しさを教えてもらい、そこから、恐る恐るソロに足を踏み出した。そこで出会ったものは新鮮な驚きばかりだ。

その歩みを記録してきたのが僕のＹｏｕＴｕｂｅ「タナちゃんねる」だ。この動画集を、いつの間にかたくさんの人が見てくれるようになった。そして、このチャンネルのこれまでの集大成として、一冊にまとめたのがこの本だ。

全部で７章あるうちの各章にはキャンプの楽しさ、おすすめのキャンプ場、野外料理のノウハウ、キャンプグッズ、カメラ知識の基本などが網羅されている。関連する動画のＵＲＬはＱＲコードで示しタナちゃんねるへのガイドともなる。

これからキャンプを始める人、キャンプを楽しんでいるけどもっと知識を深めたい人に、きっと、ためになる内容だと思う。そんな人たちに、ぜひ手にとって、参考書としてお役立ていただければ、何よりも嬉しい限りだ。

タナ

# contents

# contents

## 6章　買ってよかったキャンプギア・寝具編　117

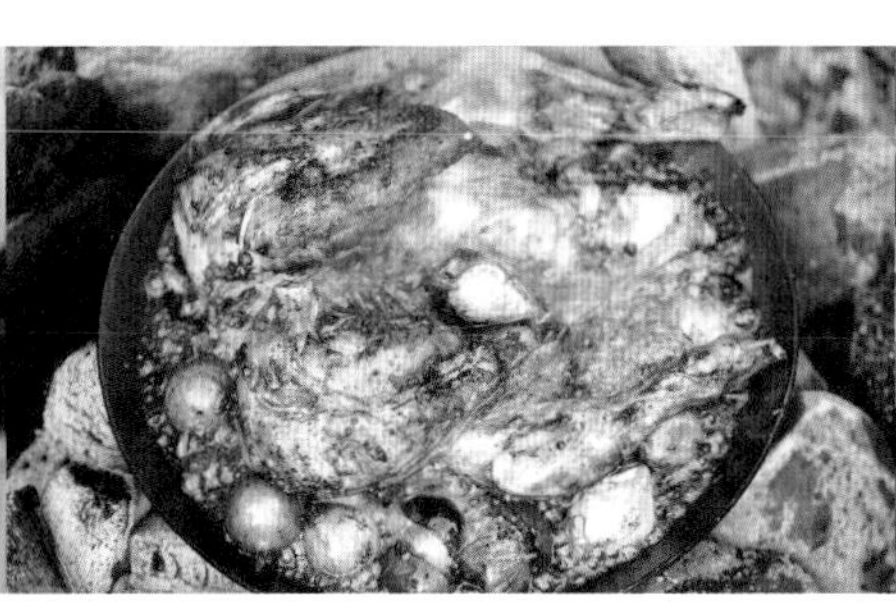

# contents



### QRコードについて

各見開きの右上と章末ページに、タナちゃんねるの動画に飛べるQRコードを設置した。スマートフォンで読み込めば、紙面の内容を扱った動画を見ることができる。より深く知りたいときや使用感を確認したいときにチェックしてみよう。

YouTubeへ
Go!

1つの動画で複数のギアやキャンプ飯を扱うため、リンク先動画は多少重なりがあることはご理解いただきたい。

ブログへ
Go!

7章の撮影機材は、YouTube動画では扱っていないが、タナのブログにすべて載っているので、ぜひ訪れてみてほしい。

# 1章

# ソロキャンプって何？

ソロキャンプの魅力は？　キャンプ場選びは？　揃えるべき道具は？　1泊2日の場合のスケジュールは？　まずは初心者が知るべきキホンのキ。

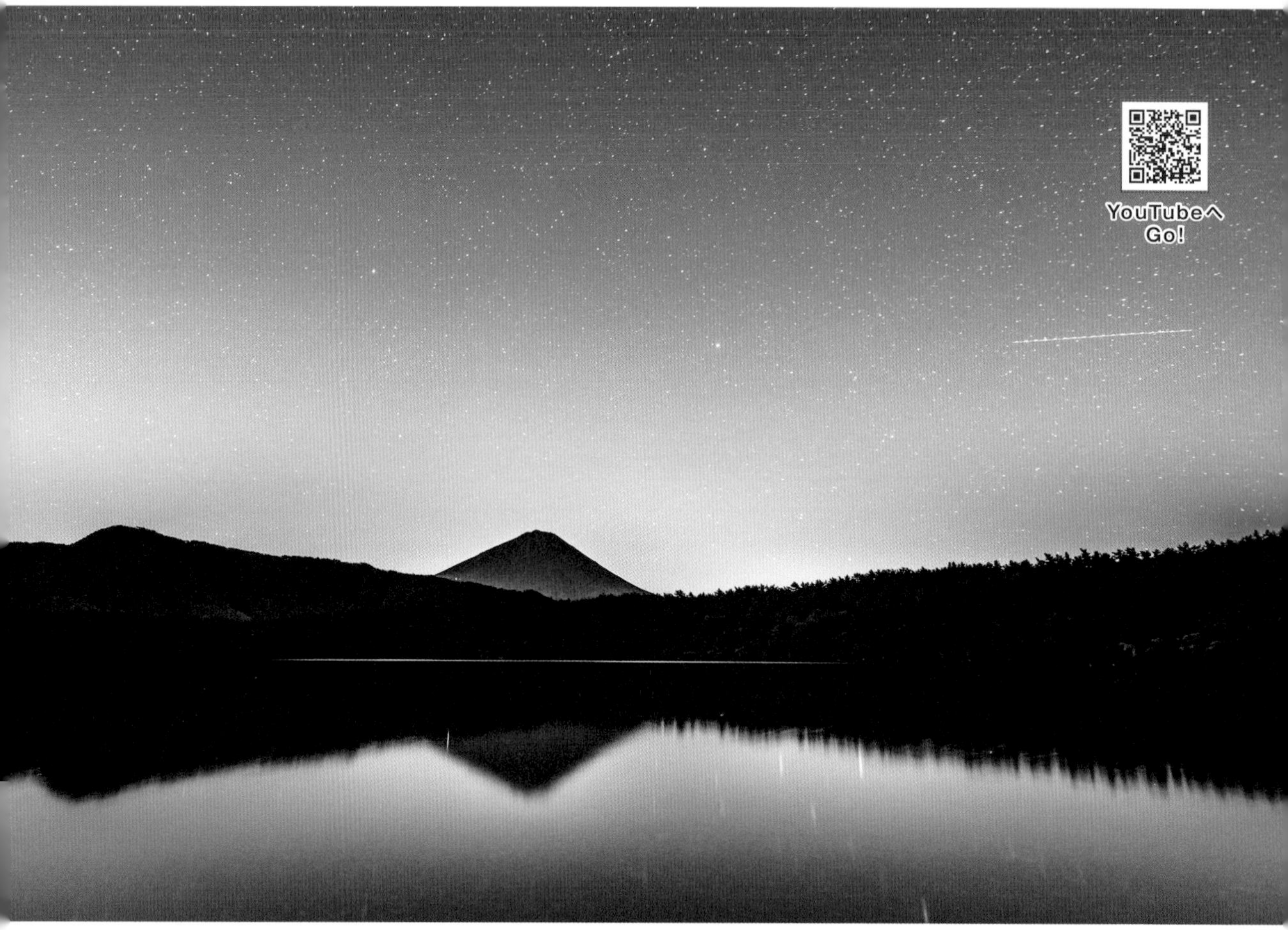


**とにかく自由**　寝るのも一人、食べるのも一人、とにかく自由でとことんリラックスできる。そして、誰が見ても魅力となる星、景色、焚火…。都会では絶対に見ることのない非日常がそこにはある。

## 自然と向き合い人間本来の感覚が呼び覚まされる

# ソロキャンプって何？

### とにかく自由でとことんリラックス

　ソロキャンプの魅力を知るには体験してみるのが一番だと思う。と言っても、初めての人がいきなりソロは難しいだろう。僕も最初は友人に連れて行ってもらった。夜二人で焚火をしたりして、日頃と違う安らぎを覚え、キャンプの楽しさを知ったのだ。

　その後、ソロキャンプのことを動画で見て知り、自分で調べて行ってみた。一人の場合はとにかく自由で、とことんリラックスできる。焚火をぼうっと眺めていると自然と向き合う以外になくなり、人間本来の感覚が呼び覚まされるような気がするのだ。

　最初はたった一人の夜が怖かったのを覚えている。初心者は人が多めのキャンプ場でテント泊をするのがいいだろう。いきなりのハンモック泊はあまりオススメできない。テントなら雨が降っても大丈夫だし、身の回りを囲まれて安心して眠ることができる。

　慣れてきたら泊数を増やし、自分のスタイルを見つけてほしい。それぞれの楽しみ方を追求するのが、ソロキャンプの醍醐味だ。

### キャンプ本来の楽しみは複数人でも感じられる

初めてのキャンプは友人に連れられて二人で行った。自然の中で夜、焚火をして、お酒を飲んだりウィンナーを食べたりして日頃と違う安らぎを覚えた。複数人で行く場合は楽しみを共有できる良さがある。

### 初心者はテント泊から

初心者はまずテント泊から始めよう。テントは風も雨も防げるし、周りを囲まれているので安心感がある。いきなりのハンモック泊や野営は、あまりオススメできない。

### ハンモック泊のメリット

ハンモック泊は木さえあればどこでも張れて荷物も設営もラクというメリットがある。下が濡れていても凸凹でも気にせずに寝ることできる。

### ソロキャンプは瞑想に近い

一人で焚火をぼうっと眺めていると自然と向き合う以外になくなり、人間本来の感覚が呼び覚まされるようである。ソロキャンプは瞑想に近いと言えるだろう。そのスイッチを入れてくれる何かがあるのだ。

ブレイク！

### 初めは人が多めのキャンプ場で

ソロキャンプを始めた頃は、たった一人の夜が怖かった。深夜に女性の叫び声のような鹿の鳴き声に驚いて、友人に電話をかけたくらいだ。初心者は人が多めのキャンプ場を選ぶといいだろう。目の届く範囲に他のキャンパーがいると安心感がある。ちなみに僕は、東古屋湖や道志の森のキャンプ場に行っていた。そうして経験を重ねていき、3〜4回目で一人の夜にも慣れていった。

**区画サイトとは**　区画サイトは、自分のテントを張っていい区画が例えば10m四方のような大きさで割り当てられている。基本的に予約が必要だ。写真は山梨県のパインウッドキャンプ場の区画サイト。

区画サイトにするか？　フリーサイトにするか？

# ソロキャンプ場は どこを選べばいいの？

## 区画サイトの場合は基本的に予約制

キャンプ場の中で実際にテントを張る場所をキャンプサイトというが、これには自分のテントを張っていい場所があらかじめ決まっている区画サイトと、決められたエリアの中なら自由に張れるフリーサイトの2種類がある。区画サイトの場合は基本的に事前の予約が必要だ。フリーサイトの場合でも、人気のあるキャンプ場は、人数制限があって予約が要る場合もあるので気をつけよう。運転ができるなら、初めての人には、車でサイトに入れるオートキャンプ場がいいだろう。

トイレは水洗かどうかなどを確認しておこう。ソロに限らず、初心者を連れて行く場合はトイレが重要だ。お風呂も初心者のうちはあったほうが良く、とりわけ夏場はキャンプ場に併設してあると安心できるだろう。忘れがちだが、薪を買うための売店があるかどうかも確認が必要だ。

また、はじめのうちは管理人のいるキャンプ場がオススメだ。県営や市町村営のキャンプ場では、管理人がいないことがあるので注意しよう。

**フリーサイトとは**

フリーサイトは、決められたエリアの中であれば、どこに張ってもいいというスタイルだ。人数制限で予約が必要な場合もある。写真は静岡県富士宮市ふもとっぱらキャンプ場のフリーサイト。

### 売店は薪を入手するために重要

大抵は売店で薪を買うので売店があるか要確認。薪がなければ途中で買って行かなければならない。売店が閉まる時間も要チェック。早くに閉まると夜と朝の分の薪が買えなくなってしまう。

### 初めはオートキャンプ場がオススメ

初心者の人には車で乗り入れができるオートキャンプ場がオススメ。荷物をたくさん持って行けて、車の横にテントを張れるので搬入もラクだ。天候が崩れた時は車に避難もできる。

### 近場に温泉があるところでもいい

お風呂も最初のうちは重要だ。冬なら大丈夫だが夏は汗をかくので入れないとキツい。キャンプ場にお風呂や温泉、シャワーがあればいいが、近場に温泉があるところでもいいだろう。

### トイレは要確認

トイレは事前に必ず確認しよう。トイレが水洗かどうか、男女別になっているか、掃除は行き届いているかどうか、ホームページで写真を見て確認するといいだろう。

アウトドアチェア

僕はなくても大丈夫だが、初めて行く人は、地べたや石に座って半日もいるのは結構辛いのであってもいいと思う。コンパクトで持ち運びしやすくてゆったり座れるものを調べて購入しよう。アマゾンで2000円くらいで販売されている。

## まずはデイキャンプでアウトドアに触れるためのひと揃いを

# ソロキャンプの道具は何を揃えればいいの?

## ― Part1 ―

### 焚火をやるなら焚火台と火ばさみが必須

ここでは、まずデイキャンプ（日帰りキャンプ）の道具をとりあげていく。初めての人は、テント泊の前にデイキャンプをオススメする。

食事やくつろぐ時を考えるとアウトドアチェアとアウトドアテーブルはあった方がいい。初めての人にとって、半日でも地べたに座るのは結構大変だ。食事のものを地べたにおくことに抵抗がある人もいるだろう。アマゾンなどでコンパクトなものを探してみよう。

火の用意には、お湯を沸かすことができるシングルバーナーが一つあると便利だ。そして、焚火をやるなら焚火台に加えて、炭や薪を掴む火ばさみかトングはセットで必須。これに着火剤とライター、そして、軍手、もしくはレザー手袋も必要だ。

調理器具・食器としては、お湯を沸かすケトル、飲み物を飲むためのマグカップ、そして、フォークやスプーンなどのカトラリー、箸なども忘れずに。ゴミ袋も必ず持っていこう。

服装（防寒・雨具）については、Ｐａｒｔ２にまとめてお伝えする。

# まず、デイキャンプをやってみる

初心者は、まずデイキャンプをやってみよう。最低限の道具で行ってみて、その後、ほしいものから揃えるといい。初めてで、レインウェアの耐水性や強度が完ぺきではない上、雨が降ると悲惨なので天気の良い日を選んで行ってほしい。

### シングルバーナー

お湯を沸かしてコーヒーやカップ麺が作れる。ガス缶、ボンベのシングルバーナーがいろんなメーカーから出ている。

### アウトドアテーブル

初心者は一つ持って行くといいだろう。食事関係のものを置くのに安心感がある。アマゾンで1000円台でも手に入れることができる。

### 火ばさみ（トング）

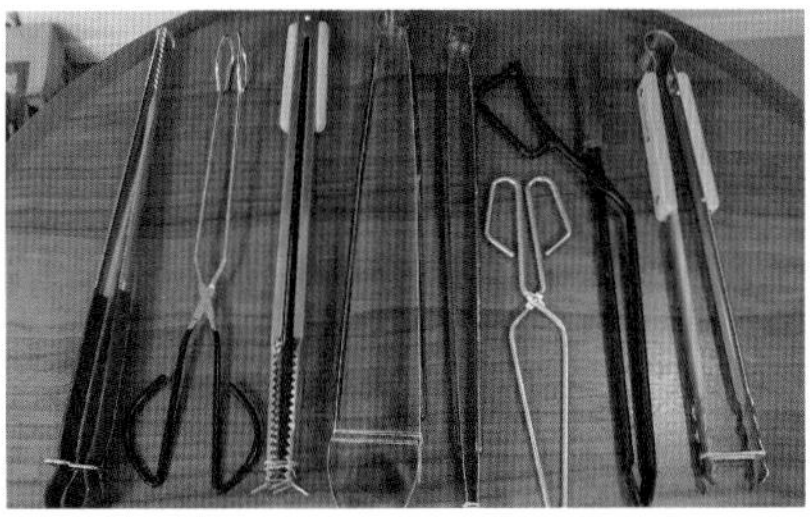

炭や薪を挟むトングのようなものだ。火が上がっている時に、炭や薪を動かしたり押さえたりできる。焚火台にはセットで必要だ。

### 焚火台

バーナーがあればなくてもいいが、冬は暖をとれるし、薪を燃やすだけでも楽しい。安いのは1000円台から売っている。

### 軍手、もしくはレザー手袋

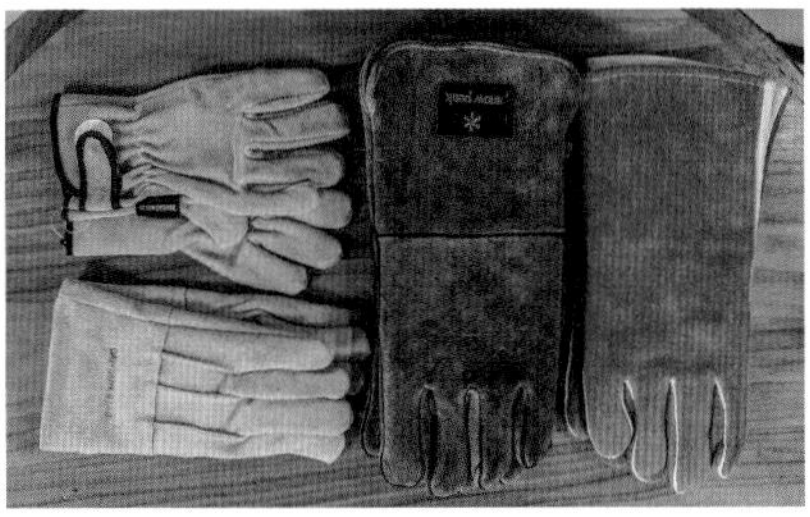

最初は、家にある軍手で十分だ。慣れてきたらレザー手袋を買うといいだろう。ワークマンで500円くらいで手に入る。

### 着火剤とライター

初心者のうちは炭や薪に火をつけるのは難しいので、着火剤が必要だ。ライターは百均のもので十分だし、マッチでもいい。

### マグカップ

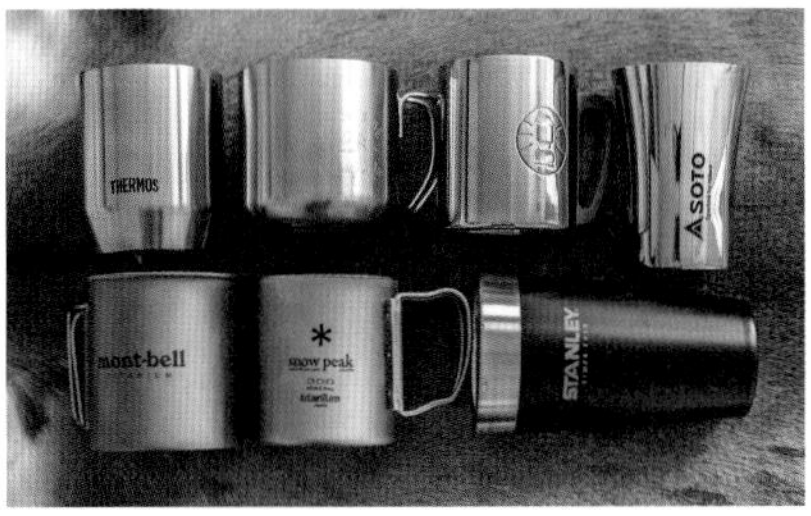


いろんな種類があってどれも安い。家のものでもいいが陶器製は持ち運びに不便なので避けよう。ククサという木製のものも人気だ。

### ケトル（やかん）

お湯を沸かして、ぜひカップラーメン、コーヒーを楽しんでみてほしい。容量は小さくて大丈夫。僕のはトランギアの0・6ℓだ。

**ここでアドバイス！**

**道具の他は何を持って行く？**

デイキャンプの場合、お昼の食材、お菓子、コーヒー等があるといいだろう。水は１ℓくらい。薪は基本的にキャンプ場で１束600円くらいで購入できる。ゴミ袋は必ず必要だし、ウェットティッシュもあると便利だ。

**テント**　選ぶときは設営の手間とサイズを考慮しよう。テントの中は寝るだけでスペースを奪われるのでワンサイズ上がいいと思う。

いよいよ夜の野外を過ごすための装備にグレードアップ

# ソロキャンプの道具は何を揃えればいいの?

## — Part2 —

### テントは１００％必須 寝袋にはキャンプマットも必要

道具編Ｐａｒｔ２は、テント泊に行くために、デイキャンプの装備に追加して必要になるものを紹介する。

テントは外で寝る場合、はじめは１００％必要である。サイズはソロなら二人用を買うことをオススメする。そしてテントを固定するペグも必須。テント付属のものは、硬い地面には強度が足りない場合もあるので、ペグを打つハンマーもほしいところだ。

そして、寝袋。夏でも標高が高いところは涼しいので、必ず持って行こう。寝袋にはキャンプマットもあるといい。寝る時の心地良さが全然違ってくる。

夜は暗くなるのでランタンを用意しよう。初心者は電池でつくＬＥＤのものがオススメだ。

調理器具は、フライパンや鍋などのクッカーに加えて、アウトドアナイフもあると重宝する。

服装は、とにかく防寒のことを考えるべし。キャンプ場の夜は予想よりも寒いと考えておくのが基本だ。天候が変わった時に備えてレインウェアなどの雨具の準備もあると安心だ。

# タープはあった方がいい？

タープは高価なので、必須ではないと思う。僕は、ほとんど使わない。外での焚火も食事も天候次第で可能なので、まずはぜひ、天気のいいときに行ってほしい。夏の暑いとき用に後々買い揃えるといいだろう。

### 寝袋

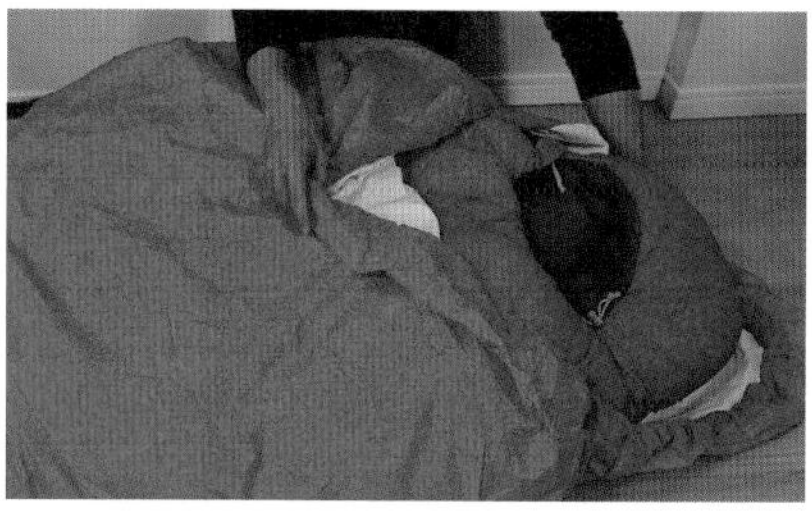

寝袋は季節によって事情が違う。夏はなくてもいいが、標高が高く涼しいところでは必要だ。冬はもちろん必要だし、特に性能が重要である。

### ペグとハンマー

ペグの強度が足りないと石で打って曲がることがある。そのためにもハンマーはあってもいい。アマゾンで1000円くらいだ。

### クッカー

1泊するなら夜ごはん、朝ごはんの調理をするのであると便利だ。家にあるお鍋や小さいフライパンでも代用は可能だ。

### キャンプマット

これがあると無いとでは寝るときの心地良さが全然違う。特に冬は性能が悪いとめちゃくちゃ寒くて何度も起きてしまう。

### アウトドアナイフ

料理しなければなくてもいい。安いものではないので家の包丁でも代用できるが、薪を叩き割ることは包丁ではできない。

### 服装（防寒具・雨具）

保温性のいいインナーや、さらに冬はダウンのアウターなどが必要だ。季節によるが、思っている以上に寒いことが多い。

### ランタン

種類にはLED、ガス、オイルがある。初心者にはLEDが簡単だ。雰囲気を重視するなら、カッコ良くて静かなオイルランタンがオススメだ。

ここで注意！

**想像以上に寒い**

キャンプ場があるような場所は、とにかく予想より寒いと思ってほしい。季節や標高にもよるが、日中の暖かい時間帯を基準にすると、夜は氷点下になってとんでもなく凍えるということもある。防寒用品は余るくらい持って行って使わなくても後悔はしない。しかし、それらが足りないと耐えるしかなくなってしまうので要注意だ。

**焚火と焚火料理がクライマックス** 一つひとつが楽しいけれど、クライマックスと言えるのは焚火と焚火で作る晩ごはんだろう。厚切りのステーキ肉も焚火で焼いて食べると、家で焼くのとは美味しさが全然違う。

## 無理に詰め込まず一つひとつを余裕を持って楽しむ

# キャンプの楽しみ方とは?

### 晩ごはんを作って食べるそれだけなのになぜだか楽しい

キャンプの1泊2日の流れを大まかにイメージしてみよう。

まず、チェックインは午前11時といったお昼の時間帯が一般的。テントの設営には1時間くらいみておくと良いだろう。3~4時ごろから焚火を起こし、晩ごはんが6時くらいから。なんと言っても、この焚火と焚火で作るごはんがメインイベントと言える。ゆっくりお酒を飲んで、8~9時ごろにお風呂に行って、10時くらいに消灯して1日目は終了だ。

朝7時くらいに起きたら、朝ごはんを食べよう。焚火は片付けに手間取るので、朝はシングルバーナーでの調理がオススメだ。そして、9時半くらいから撤収を開始して、11時ごろにチェックアウトという流れだ。

気をつけてほしい点としては、まずはBGM。夜は、周りの人に迷惑をかけることもあるので配慮しよう。それから、他の人との距離感。フリーサイトの時は、テントを先に張っている人が自分のテリトリーを守れるよう、距離を考えて設営しよう。

# 大まかな一泊二日の流れを確認

大まかに1日目は、チェックイン、テント設営、火起こし、晩ごはん、消灯、2日目は朝ごはん、チェックアウトという流れだ。無理に詰め込まず、余裕を持って楽しむことが大事だ。

## ① チェックイン→テント設営

受付では名前、住所、車のナンバーなどを記入。先は長くお腹が空くので、テント設営前におにぎりぐらい食べておくと良いだろう。

## ② 火起こし

3時～4時くらいから火を起こし始める。慣れていない人は時間に余裕をみておくのが良い。火が起きたらごはんの準備をする。

## ③ 晩ごはん

焚火の火が上がったら、夕方6時くらいから晩ごはんを食べる。僕はいつも、テントの外で、焚火をしながら食べている。

## ④ お酒を飲む

お酒をゆっくりと飲むのもキャンプの楽しみの一つである。自然の中で、焚火を前にして味わえば、普段よりも美味しく感じられる。

## ⑤ 消灯

お風呂があれば8～9時くらいに入って10時くらいに消灯。キャンプでは早めに寝る人が多い。僕は星空を撮るので12時くらいに寝て、朝も起きて朝日を見る。とてもオススメだ。

## ⑥ 朝ごはん→チェックアウト

初心者は焚火をするとチェックアウトまでに火が消せない恐れがあるので、無理をせずにシングルバーナーで朝ごはんを。

**ここでアドバイス！**

**慣れたら2連泊してみよう**

本当にキャンプを楽しむのなら、テント1泊を1、2回行ってから、同じキャンプ場、同じサイトで、ぜひ2泊してみてほしい。1泊は時間が短く、その中でテント設営、撤収が入ると時間がなくなってしまう。2泊すれば2日目は丸1日キャンプ場に居られる。

こっちも見てね！

## タナちゃんねる【ソロキャンプ動画】

＼【第１章】ソロキャンプって何？／

# 1章のテーマをさらに深掘り！

**【ソロデイキャンプ】焚き火で鉄板焼き！滝沢園キャンプ場でキャンプ料理**
**campcooking teppanyaki solo camp in japan outdoorcooking**

神奈川県秦野市にある滝沢園キャンプ場でソロデイキャンプ。焚き火（直火）で鉄板焼きを楽しむ。作ったものは「お好み焼き」「牡蠣とホタテのバター醤油」「白玉ぜんざい」。

---

**【ソロキャンプ】中禅寺湖畔でステーキ、野鳥、星空タイムラプス**

日光・中禅寺湖、絶景が望める湖畔サイトとして大人気の菖蒲が浜キャンプ場でテント泊。キャンプ料理の王道、焚火で焼いた黒毛和牛のサーロインステーキを楽しむ。

---

**都内から１時間で直火 OK！**
**おすすめキャンプ場で２連泊！川井キャンプ場、河川敷でテント泊【前編】**
**japan camp cooking campgear**

人生初の野外２連泊。今や達人キャンパーもここが一つのステップ。場所は都内から１時間でアクセスできる川井キャンプ場。キャンプクッキングメニューもたくさん紹介。

---

**【無人島】ソロキャンプ３日間【無人島生活、プチサバイバル】**

日本のとある地域にある無人島で、漁船をチャーターし、キャンプ道具を運び込み海岸でソロキャンプ。野鳥を撮り、釣りをして、星空を見渡す、素晴らしき無人島生活。

---

**【冬ソロキャンプ】道志の森キャンプ場でDDハンモック泊&すき焼きを焚き火で料理。【実録ひとりキャンプで食って寝る】**

２月某日、山梨の人気キャンプ場「道志の森キャンプ場 」で、DD ハンモックによる初めてのハンモック泊。１泊ソロで、直火での焚き火料理は「すき焼き 」を作った。

---

**【ソロキャンプ】夏の渓流野営**
**solo camping ASMR bushcraft**

とある渓流で人生初の野営。真夏のキャンプだったのでハンモック泊にして、ちょっとだけブッシュクラフト的な要素も織り交ぜつつソロキャンプを楽しんだ。

---

**【山林購入】自分の山でソロキャンプ（野営）**
**焚き火ステーキを森で食べる 富士山タイムラプスも**

自分専用のキャンプ場とすべく後に購入することとなる山林で、その購入の検討中に、オーナーに許可をもらって自由に野営した際の記録。大変素晴らしい経験になった。

# 2
# 章

# 実体験！行ってよかったキャンプ場

山々を一望する天空のキャンプ場、宝石箱のような美しい街明かりが望める丘の上、富士を目前にした原っぱから常夏のハワイまで、絶景のキャンプ場７選をご紹介！

**天空のキャンプ場**　標高1445mの山頂にある天空のキャンプ場。とにかく景色が良かった！上の写真は中央アルプスと伊那の街並みの絶景だ。

### 中央・南アルプスを一望！標高 1445m 空の絶景

# 陣馬形山キャンプ場

## 景色のインパクトがものすごい天空のキャンプ場

ここは長野県伊那にある標高1445mの陣馬形山の、車で行ける山頂にあり、天空のキャンプ場と言われていているところだ。南アルプス、中央アルプスが一望できて、その景色はものすごくインパクトがある。

僕もここに泊まったときは、このキャンプ場と、100mくらい離れたところにある山頂の2カ所から景色を見渡して、夜に写真を撮った。

僕が行ったのは2019年3月。数秒ずつ間をあけて撮影した写真をつなげるタイムラプス（低速度撮影）を撮るために4時間くらい山頂にいたが、とにかく寒くて、ダウンを着込んでいたにもかかわらず凍えそうになった。

当時は無料で予約の要らないキャンプ場だったのだが、2021年に有料キャンプ場にリニューアルされたそうだ。人気が高くて、テントサイトは1日最大18組に限定されているという。トイレもきれいになって、初心者も行きやすくなった。とにかく景色がいいので、ソロキャンパーは全員行った方がいいと言えるくらいオススメだ。

## 標高1445mからの絶景

山頂からは中央アルプス、南アルプスが一望でき、タイムラプスを撮りに何度も山頂に登った。伊那谷は夜景が見事だった。

**流れる雲**

雄大な山々、谷、そしてタイムラプスで見る雲の流れが幻想的。

手前の真ん中より少し右に写っているのが僕のテントだ。

左は某有名キャンプ漫画でも登場した鉄塔。

**日本で最も大きい谷**

目の前に伊那谷の絶景とその向こうに中央アルプスを望む日中の景色。伊那谷は「日本で最も大きい谷」と言われているそうだ。

## 限定18組のキャンプサイト

キャンプサイトは３段に分かれていて、現在は１日限定18組だそう。段によって少しずつ景色が違い、最上段からの景色がいちばん良くなっている。

**キャンプサイトの様子**

３段に分かれるサイトのうちここは２段目のサイトだ。僕が泊まったのは、この段だった。２段目からは中央アルプスと伊那谷の絶景を楽しむことができる。昔は、薪と食糧を持って行ったが、今は上の写真の山小屋「陣馬形山荘」に受付と売店があるそうだ。

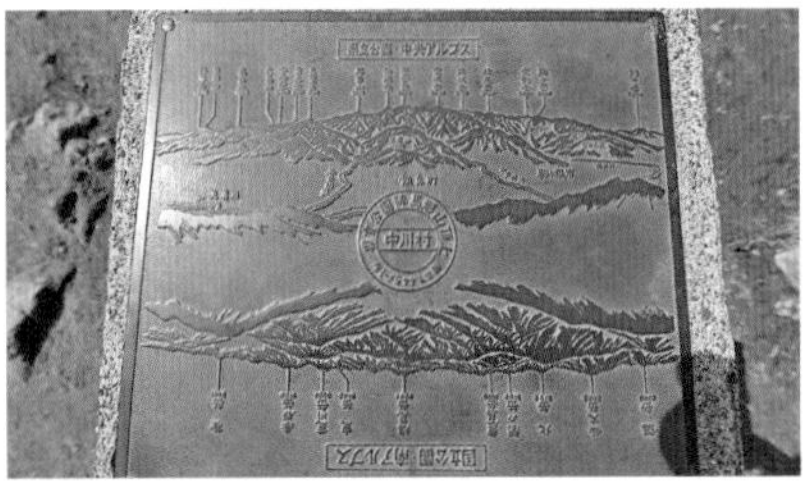

**南・中央アルプスが一望**

山頂はもちろん眺めがいちばん良く、この場所からぐるっと周りを見渡すだけで、南アルプス、中央アルプスが一望できた。

**山頂**

山頂の様子。キャンプ場から１００ｍほどのところにあり、歩いてすぐだった。山頂には圧倒的な大パノラマが広がっている。

**山頂から下りる道**

山頂からキャンプ場に降りてくる道。徒歩２、３分の道のりだが撮影のため何度も行ったり来たりしてさすがに疲れた。

**組数限定のフリーサイト**

テントサイトは、１日最大18組限定だそう。３段のサイトのうち中央・南アルプスの両方が見られるのは最上段のサイトだ。

**直火は禁止**

サイトの下の地面は気持ち良い芝生になっていた。テントのペグはどこでも打ちやすかった。地面で火を焚く直火は禁止だ。

**水場は沢水**

山頂直下の沢から水を汲み上げているそうだ。水場の後ろには灰捨て場がある。トイレは、今は循環式水洗になっている。

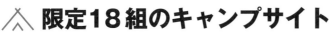

## 天空の焚火飯～キャンプ場スナップ集～

天空で火を起こし、キャンプ飯。この夜の焚火料理はチキンサンドだった。

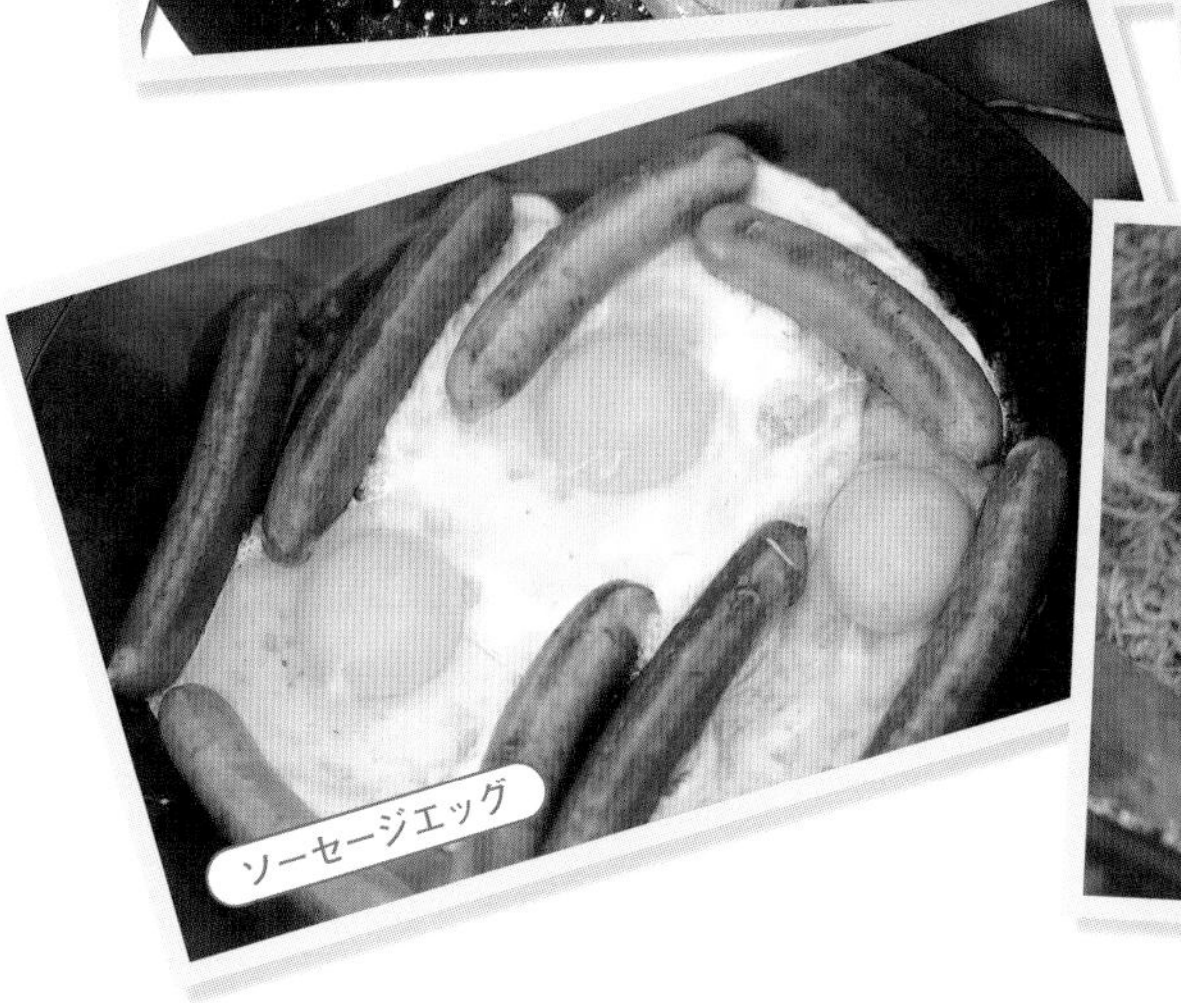

### Data

陣馬形山キャンプ場

住所 〒399-3801　長野県上伊那郡中川村大草1636

https://jinbagata.life

予約 要

トイレ 循環式水洗トイレ

水場 山頂直下の沢から汲み上げている水。流し台付き。

灰捨て場 水場の後ろに簡易的な灰捨て場を設置。

売店 有

料金など詳細は直接お問い合わせください。

直火、ペット同伴、大きな音のでるものの持ち込みなどは、多くのキャンプ場で禁止事項になっています。また、ゴミの分別・回収、退出時の掃除など、周囲に迷惑をかけないためのルールとマナーを心がけましょう。

**甲府盆地の市街地を一望** 山梨市街地からほど近くの丘の上、といったロケーションにあり、甲府盆地の山梨市、甲州市あたりの街の景観が一望でき、夜景が特にきれいだった。

### 甲府盆地の街並みを一望! 丘の上のキャンプ場

# パインウッド オートキャンプ場

## 数を限って造り込んだ こだわりの自作サイトが人気

山梨市の市街地を見下ろす棚山にあるキャンプ場で、甲府盆地に広がる街並みを一望できる。

某有名キャンプ漫画でも紹介され大人気となっていて、僕が行った当時でキャンプサイトが確か10カ所くらいしかなかったので、競争率が高く事前にしっかり予約が必要だ。

前回僕が行ったときは、管理人さんと1時間くらい話し込むことができた。管理人さんはもともと建設業の方で、なんと、自分で重機を動かして、このキャンプ場を整地して、ロケーションにこだわって造り込んだそうだ。

実際、各サイトは段々になって横が見えないよう配慮されていて、そこから景色が見える造りになっていた。

キャンパーが好きな趣向もいろいろ凝らしていて、本当にキャンプ好きな人が造ったことが伝わるキャンプ場だ。

徒歩15分くらいで「ほったらかし温泉」があり、富士山も見えるので併せて行ってみてほしい。

# 街明かりを独り占め

いつもは自然の中に入っていくことが多いけれど、街の景観を見ながらのキャンプというのは初めての経験ですごく楽しめた。夜景の写真も撮りがいがあった。

**街明かりとランタン**

夜明け前にテントを出ると、昨晩見たのと同じ、街明かりの素晴らしい景色が広がっていた。ランタンを灯し、光の饗宴を楽しみながら飲む朝のコーヒーは格別だった。この後少しずつ日が昇った。

富士山も、朝日に照らされてほんのりオレンジ色。

街明かりを独り占めしているような気分。

**ソロにぴったり**

山の斜面で自分だけの空間を陣取って、自由な時間が楽しめるソロにぴったりのキャンプ場だ。

## 本当にキャンプを好きな人が運営

ロケーションもさることながら、こだわって造ったサイトや場内の楽しい趣向など本当にキャンプを好きな人が運営していることが伝わってくる。

**いいものはいい**

あまり自分が大好きなキャンプ場を広めると、自分が予約を取れなくなってしまうが（笑）、独り占めはつまらないし、いいものはいいと皆さんに知ってもらいたい。

**オーナーさん自ら整地**

もともと建設業だったオーナーさんが自ら重機で整備している。硬い砂地のような地面はペグが刺しやすくしっかりしていた。

**こだわりのサイト**

林間を蛇行して登る道沿いに、区画サイトが段々に造られていて、横のサイトが見えないよう、こだわって場内を造っている。

**薪は詰め放題1000円**

薪はスーパーのカゴに詰め放題で１０００円！山となって積まれているので、自分で好きな太さを選んでいっぱい詰め込める。

**売店**

これは売店。アメリカンでおしゃれな雰囲気があった。コーラ１００円、アイス１００円は、セルフサービスになっていた。

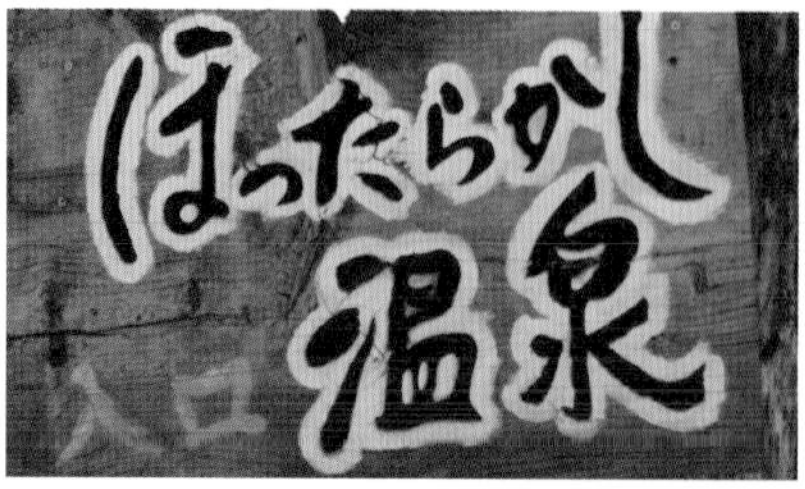


**ほったらかし温泉**

管理人さんも推薦する「ほったらかし温泉」では、甲府盆地や富士山を見渡しながら入浴できる。ぜひ、一度行ってみてほしい。

**わんこも癒してくれる**

黒くて可愛い癒しわんこ。本当にキャンプが好きな人が運営・管理しているということが伝わる場所になっていた。

## 特等席で街明かりディナー～キャンプ場スナップ集～

この夜は豚肉のコーラ煮を作った。街明かりを目の前にウィスキーも進んだ。

### Data

パインウッドオートキャンプ場

住所 〒405-0015 山梨県山梨市大工2483

期間 通年

車両乗入れ 可能

お風呂 なし。徒歩約15分（1.2km）で「ほったらかし温泉（日の出1時間前～22：00）」あり。

予約 要

料金など詳細は直接お問い合わせください。

直火、ペット同伴、大きな音のでるものの持ち込みなどは、多くのキャンプ場で禁止事項になっています。また、ゴミの分別・回収、退出時の掃除など、周囲に迷惑をかけないためのルールとマナーを心がけましょう。

**富士山が目の前** 富士山が本当に目の前に迫ってくるようで、それが湖面にも写って、壮大な景色だった。山梨は、富士山が見えるのでいいキャンプ場が多い。

## 富士五湖・本栖湖越しに、富士山の壮大な眺め

# 浩庵キャンプ場

### 水際にテントを立てられる湖畔サイトは富士山が目の前

山梨県富士五湖の一つ、本栖湖の湖畔にある、富士山が一望できるキャンプ場だ。千円札の裏面の富士山のデザインのもとになった誰もが見たことのある景色の場所でもある。

僕が行ったのは冬の平日のこと。料金は高くなかった。道がワイルドで、雪が降ったら四輪駆動じゃないと行けないのではと思うほどだった。

湖畔のサイトと林間のサイトがあって、僕は湖畔の方に泊まった。湖畔サイトでは、水際ギリギリにテントを立てられ、目の前に富士山がドンとそびえる壮大な景色が楽しめる。湖面も綺麗で本当に気持ちよかった。

しかし、地面が岩のように硬くてペグが刺さりにくいことがあった。石で無理に打つと曲がるので、ハンマーがあった方がいいだろう。ペグも鍛造のものが好ましい。ちなみに、林間サイトの方の地面は土だった。

また、湖畔は湖面に向かってやや下る斜面になっていて、テントの中で寝ていると転がってしまうので、コット（簡易ベッド）があった方が快適だ。

# 富士山と本栖湖の美

1泊2日で行ったこの時、2日目の朝は朝日を撮るために早起きした。富士山と本栖湖と朝日の織りなす景観は息を呑む美しさだった。

**刻一刻と変わる夜明け前の光景**

早朝に起きて、ご来光を撮影しようと夜明けを待っているところ。ものすごく寒かった。

ご来光が訪れた。富士山と朝日のコラボだ。

目の前にくっきりと姿を現した。

２口目は快晴になった。本当にいい景色だ。
帰りたくなくなる。

# 湖畔サイトで水際にテント

水際にテントを張ることができる湖畔サイトがオススメだ。薪を拾って集めて直火の焚火を楽しめた。本当に貴重なキャンプ場だ。

**目を上げると絶景**

水際にテントを張ることができて、富士山と湖面の壮大な景色を楽しむことができた。火起こしをしても、調理をしても、目を上げると、そこに、絶景という非日常な体験をすることができた。

**テントサイトの様子**

湖畔のテントサイトの様子。基本的にフリーサイトで、どこにでも張ることができた。直火ができる貴重なキャンプ場だ。

**1000円札に採用された富士山の場所**

１０００円札の裏のデザインのもとになった富士山が見える風景の場所だと聞き、見比べてみると、本当に同じ場所だった。

**林間サイトの様子**

林間の地面は土だ。僕は湖畔をオススメする。当時、湖畔は僕以外に1、2組しかいなかったが、今はすごく人気のようだ。

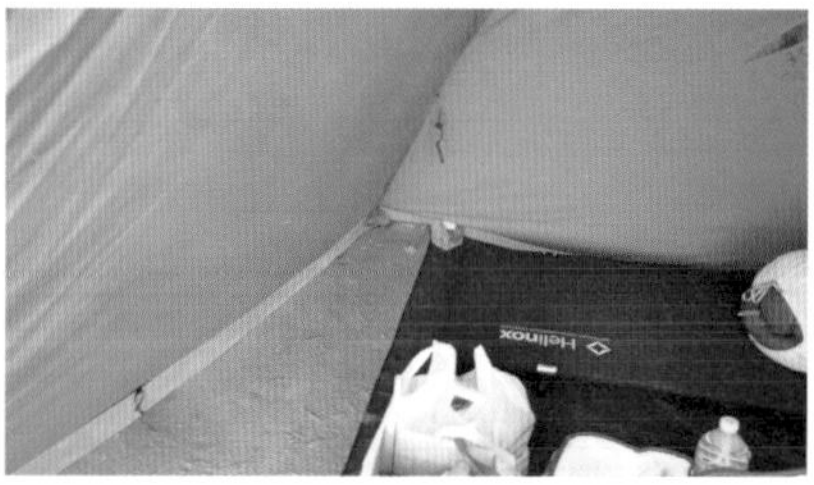

**役に立ったコット**

湖畔は湖に向かって緩やかに下る斜面になっていた。寝ていると転がってしまうので、水平を保つのにコットが役に立った。

**本栖湖セントラルロッジ**

受付は、ここの本栖湖セントラルロッジで行う。民宿と食堂が併設されている。キャンプ場の事前予約はできない。

**林で薪を採集**

売店でも薪は売っているが、林間で拾って集めることができた。持っていったシルキーの鋸、ズバット３９０が役に立った。

## 肉煮えて、眼前に富士～キャンプ場スナップ集～

この日の夜の献立はミートソースのペンネ。湖畔に立ち昇る煙が食欲をそそる。

**Data**

浩庵キャンプ場

住所 〒409-3104　山梨県南巨摩郡身延町中ノ倉2926

https://kouan-motosuko.com/camp/index.html

売店 有

予約 不可

料金など詳細は直接お問い合わせください。

直火、ペット同伴、大きな音のでるものの持ち込みなどは、多くのキャンプ場で禁止事項になっています。また、ゴミの分別・回収、退出時の掃除など、周囲に迷惑をかけないためのルールとマナーを心がけましょう。

**富士山を一望** 広大な草原サイトのどこに行っても富士山が見えた。とにかくデカいキャンプ場という印象が強い。

## 富士山を一望する広大な草原の全面がフリーサイト

# ふもとっぱら キャンプ場

### 富士山がドン！と構える草原の高規格キャンプ場

ここは、皆さんよくご存知だと思う。場所は静岡県富士宮市、本栖湖から車で15分から20分ほどのところにある大大人気のキャンプ場だ。

富士山の麓の大草原にあって、どこに泊まってもいい全面フリーサイト。A～Pまであるサイトのどこからでも富士山のてっぺんまで見ることができる。そして、車両も全サイトに乗り入れが可能。水も豊富でトイレもたくさんあり、規格が高いキャンプ場だ。

僕は、キャンプを始めたばかりの頃に友達とここに行った。当時はお客さんも多くはなく、どこに行ったらいいかわからないくらい広いので、ゆっくり楽しめた。まだ初心者だったこともあり、印象が強い。

今ではすごい人気があり、週末のライブカメラなどを見ると、いつも盛況で、本当に多くの人を惹きつけているんだな、と思わずにはいられない。

あれだけ広くて、富士山がドン！と構えている姿を見られるのだから、人が多くない時期に、また行きたいと思っている。

# ケタ違いの野っ原で日がな遊ぶ

ケタ違いに広い野原では、何をするでもなく、ただただ焚火をして焼いて食って、うろうろして、ゆっくりしての繰り返しが楽しかった。

**全面フリーの草原サイト**

広がる草原がテントサイト。A～Pまであるサイトの全面がフリーサイトで全サイト車両を乗り入れてテントに横付けできる。

場内で薪が入手できた。

この日は、初めて火打ち石に挑戦。

少し焦げてしまったが美味しく焼けた。

鶏肉はキムチ焼きにして食べた。

牛肉を焼いた。ニンニクで香りをつけて、塩だけで食べたのだが、これが最高に旨かった。

僕が行ったのは2018年12月。草原から見上げる冬の星空は綺麗だった。

最低気温はマイナス4度くらいあったと思う。この時は、こんな寒い中での初めてのテント泊で不安もあったが大丈夫だった。

# どこからでも見える富士山

キャンプ場の東、目の前に迫りくるように富士山が雄大に構えている。A から P まで、全 16 区画あるサイトのどこに行ってもその勇姿が見られる。

**どこに行っても眼前に**

この時は、2 連泊したのだが、その間、空いた時間ができればカメラを持って、あちこち歩き回っては富士山の姿を目で追っていた。本当にどこに行っても富士山が眼前にそびえるという感じだった。

**ふもとっぱら名物**

ふもとっぱら名物「逆さ富士ポイント」。雲の多い日だったが、水面にくっきりと山容が写っていた。赤い屋根に水色の壁の大きな建物はトイレだ。

## 高規格なキャンプ場

よく整備されている高規格なキャンプ場だった。水も豊富でトイレもいっぱいあって、スタッフもたくさん働いていた。

**炊事棟**

赤い屋根の大きな建物は、水場のある、屋根付きの炊事棟。屋根は高く広々している。水は飲用可能で豊富にあった。

**ふもとっぱらMAP**

受付ではわかりやすいイラストマップが配られていた。これを見ているだけでも、トイレや施設の充実ぶりが伺える。

**毛無山**

広大な草原サイトからは、どこからでも富士山と毛無山が望める。これは、管理棟の背後にあるこんもりとした毛無山だ。

**牛舎トイレ**

赤い屋根に水色の壁の一見して牛舎にも見える可愛い建物はその名も「牛舎トイレ」。洋式トイレで温水便座機能も付いている。

### Data

ふもとっぱらキャンプ場

住所 〒418-0109　静岡県富士宮市麓156

https://fumotoppara.net/campsite

営業 通年

予約 要

キャンプサイト 全面フリーサイト

トイレ 洋式水洗トイレ（温水便座機能付き）

売店 有

料金など詳細は直接お問い合わせください。

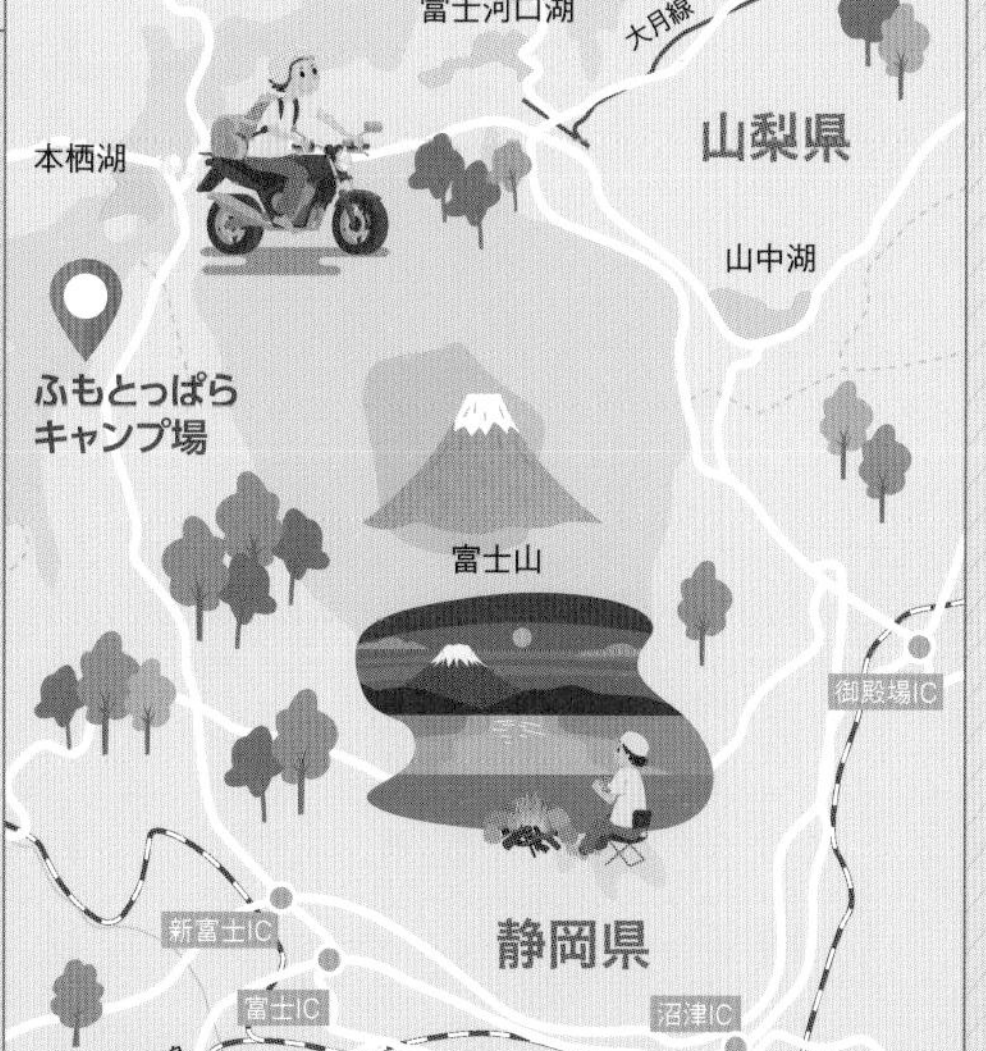


直火、ペット同伴、大きな音のでるものの持ち込みなどは、多くのキャンプ場で禁止事項になっています。また、ゴミの分別・回収、退出時の掃除など、周囲に迷惑をかけないためのルールとマナーを心がけましょう。

**標高900m** 大谷山高原に位置する標高900mのキャンプ場。敷地が広くて、自然豊かな環境の中にあって、ぐるっと見渡せる大パノラマのロケーションに降り注ぐ星空が圧巻だった。

### 阿蘇の絶景を一望する天空のキャンプ場

# ゴンドーシャロレーキャンプ場

## ぐるっと見渡すパノラマと凄まじくふかふかの芝生

熊本県大谷山高原の、標高９００mの場所にあるキャンプ場。ここも、陣馬形山と同じように「天空のキャンプ場」と呼ばれている。

景色がかなり良く、場内には車で乗り入れて、テントに横付が可能な区画サイトやフリーサイトがたくさんあった。サイトによってロケーションが違い、僕が泊まった噴水広場というところでは、景色をぐるっとパノラマで見渡すことができる。空が広くて星が撮影しやすく、朝には涅槃像と言われる阿蘇五岳も一望できた。

元々は牧場をやっていた場所ということで、芝生のコンディションが凄まじく良く、経験したことがないくらいふかふかだった。冗談ではなく、マットレスがなくても寝られるくらいなのだ。その代わり直火は禁止で、焚火台の下には、受付でもらう木の板を敷くようになっていた。

関東の人はなかなか行く機会がないかもしれない（実際、この時もほとんど僕らだけだった）が、ぜひ行ってみてもらいたいキャンプ場だ。

# 星空と山並みに囲まれて

夜は、天空で星空に囲まれ、昼は山並みを見渡す絶好のロケーションだった。この夜は、ニコンのフルサイズカメラによる人生初の星空タイムラプス撮影に挑んだ日だ。

**タイムラプスデビュー作**

僕のタイムラプスデビュー作。今見ると、まだまだだが、夜景は、過去最高の出来になった。オートフォーカスにしてピントが甘くなったことが反省点だ。

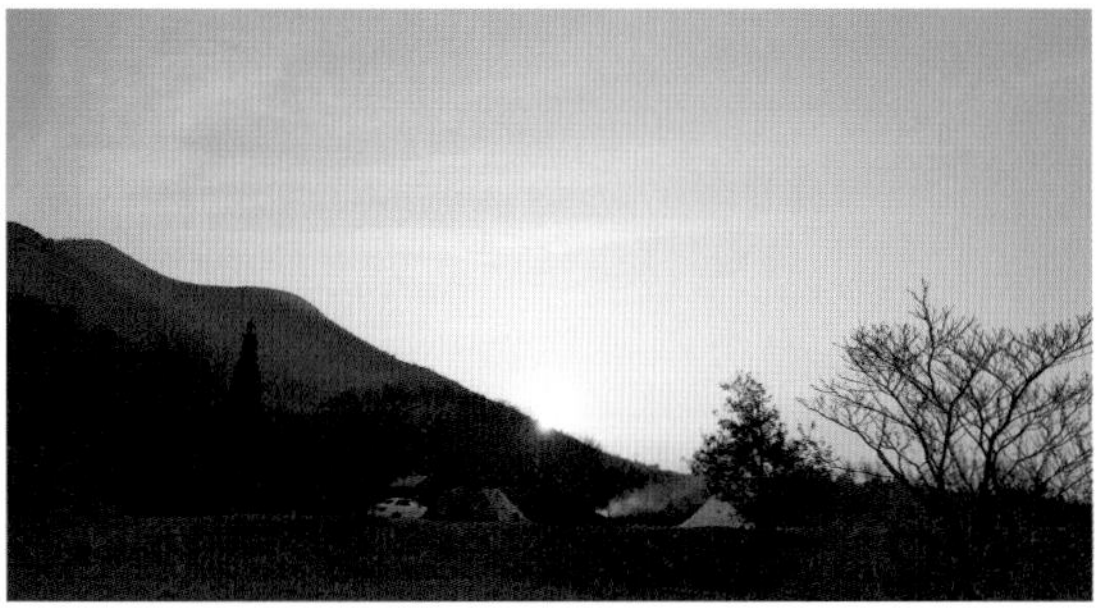

天空に上る朝日を少しだけお楽しみあれ。

左が僕のローカスギアのテントだ。

**見渡す限りの峰**

見渡す限り峰という景色は壮大で感動が別物だった。関東で見る自然とは何かが違っているのだ。南アルプスとも違った。もともと牧場だけあって、広大で、ハイジがいそうな、そんな雰囲気もあった。時期によって雲海が見られることもあるそうだ。

# 広大で気持ちのいいキャンプ場

周囲が見渡せる広大で気持ちのいい景色、ふかふかの芝生、良質な薪、豊かな水……。帰る日には、もう１泊したくてたまらなかった。

**サイトによって違うロケーション**

僕らが行ったのは冬だった。サイトによってロケーションが違うので、場所を選んでいろんな景色の撮影が楽しめそうだ。

**火持ちのいい薪**

薪は１袋で８００円だった。すごく硬いクヌギで、なかなか割れなかったが、その分、火持ちの長い良質な薪だった。

**研究を重ねた芝**

焚火台や薪ストーブの下には必ず保護板を入れることになっている。芝は、長年研究を重ねて大切に育てていた。

**全てオートサイト**

区画サイトが約65リイト、フリーサイトが４カ所あり、全てのサイトが、車の横付け・乗り入れ可能なオートサイトだ。

**水が豊富**

水が豊富で、水場の下に掘られていた水路には、水がジャンジャン流れていた。2月でちょうどフキがたくさん出ていた。

**噴水広場**

僕が泊まった噴水広場はフリーサイトで、広大で気持ちのいい景色を楽しめた。この時は僕と仲間を合わせた3組しかいなかった。

**オフロードコース**

僕らのいた噴水広場から見下ろせるところにオフロードコースがあった。土が出ているところが、コースになっている。

## 峰々に囲まれ、熊本グルメ～キャンプ場スナップ集～

キャンプ飯は馬刺しや豚バラの炭火焼、もつ煮だった。阿蘇の峰々に囲まれて熊本グルメを堪能した。

**Data**

ゴンドーシャロレーキャンプ場

住所 〒869-2402　熊本県阿蘇郡南小国町大字満願寺6338（大谷山）

http://www.gondo-cr.net/index.html

売店 薪・炭・LPG・ホワイトガソリン・着火剤など

料金など詳細は直接お問い合わせください。

直火、ペット同伴、大きな音のでるものの持ち込みなどは、多くのキャンプ場で禁止事項になっています。また、ゴミの分別・回収、退出時の掃除など、周囲に迷惑をかけないためのルールとマナーを心がけましょう。

**見たこともない星空**　キラウェア火山近くの標高約1000mのキャンプ場。周囲を見渡す10km圏内に明かりは何もなく、本当の暗がりの中で、見たこともない星空だった。

## ハワイ島キラウェア火山近くで星空の絶景!

# クラナオークアイキ キャンプグラウンド

### とにかく星がきれい それだけで行く価値があり

ハワイのキラウェアビジターセンターから、車で15kmほど走ったところにあるキャンプ場だ。予約の要らない区画サイトが数カ所点在している。

ここは、僕が人生で見た星空の中で、ダントツにきれいなところだった。見渡す限り10km圏内には街灯がゼロという状況。それぐらい周りが暗いと、数えきれないくらい星が見えた。

この時は仕事でハワイに行く機会があったので、ネイティブの友達に手伝ってもらってここを調べ、現地のウォルマートでテントと灯りを買って泊まってみた。装備が充実していないことに加えて、標高が１０００ｍくらいもあったので、かなり寒かったことが印象深い。昼間は焼けて痛いぐらいの日照りだったのに。モンベルのウルトラライトダウンを持って行ってよかったと痛感した。

トイレしかないキャンプ場だが、とにかく星が美しいの一言に尽きる。それを見るだけでも行く価値が十分ある。僕ももう一度行きたいし、皆さんにもぜひ体験してもらいたい。

# 星が天空を埋め尽くす

日本でも星空がキレイなところはたくさんあるが、今まで見て来た星空の中でナンバーワンだと思う。星が天空を埋め尽くすという感じだった。もう一度見てみたいと思う。

**とんでもなくキレイ**

肉眼で見てめちゃくちゃ星が見えた。天の川もくっきり見えた。星の数がハンパなくて、とんでもなくキレイだ。

**夜明け**

星空の余韻が残る中、夜明けを迎えた。ここに勝てる絶景って今後出会えるんだろうか？というくらいだった。皆さんにも、ぜひ見てもらいたい。

# キラウェア火山近くのキャンプ場

キラウェア火山のあるハワイ火山国立公園の中にあるキャンプ場だ。飲料水もなく早い者勝ちの簡素なキャンプ場で貴重な体験となった。

**日中は強い日差し**

日中は痛いくらいの強い日差しだった。夜の寒さが嘘のようだ。火山が造った荒涼とした溶岩性の大地が周囲に広がっていた。

口コミでは、人が多くて入れないこともあるとなっていたが、僕と仲間の2人以外は、もう1組ベテランの人がいるだけだった。

**少なかった利用者**

駐車場から歩いて入るテントサイトには簡易なテーブルが付いていた。トイレ以外は、シャワーも何もない環境だった。

**ウォークインテントサイト**

2000円くらいのエアベッド。空気を入れるのに手押しポンプで200回くらい押すのがキツかったが、クッション性はある。

**エアベッドはポンプ式**

**園内マップ**

クラナオークアイキキャンプグラウンドはキラウェアビジターセンターから車で20分ほど下ったところにある。

現地のウォルマートで、なんやかんやで10000円くらいで揃った。逆にホテルに宿泊するより安上がりになったと思う。

**テント機材は現地で調達**

ブレイク！

# クラナオークアイキキャンプグラウンド

ハワイ火山国立公園は、地球上で最も活発な活火山のキラウェア火山を有する国立公園。園内には、噴火口をめぐるハイキングコースなどがあり、大地の形成プロセスを体感することができる。国立公園内には2カ所のドライブインキャンプグラウンドがあり、その1つがクラナオークアイキキャンプグラウンドだ。キラウェアビジターセンターから車で15km、火山から直線距離で6kmほど離れたところに位置している。グラウンド内には駐車場から歩いて入る9カ所のピクニックテーブル付きウォークインキャンプサイトがある。トイレは設置されているものの、飲料水や売店はない簡素なキャンプ場だ。国立公園局の管轄だが、予約は要らず、先着順で利用することができる。滞在は連続して7日までに制限されていて、料金は1サイトにつき10ドル。セルフペイステーションで自分で支払うシステムだ。標高は975mあり、日中の天気は暖かいときで30度を超えるものの、夜間は寒い時で4度近くにもなることがある。

## Data

Kulanaokuaiki Campground

住所 1 Crater Rim Drive, Hawaii National Park, HI, 96718 U.S.A.

https://www.nps.gov/havo/planyourvisit/kulanaokuaiki-campground.htm

Email havo_information@nps.gov

サイト ウォークインテントサイト9カ所（ピクニックテーブル付）

予約 なし（先着順）

売店 なし

飲料水 なし

焚火 不可。燃料キャンプストーブのみ

トイレ 汲み取り

定休日 なし（休業日はあり）

料金など詳細は直接お問い合わせください。

直火、ペット同伴、大きな音のでるものの持ち込みなどは、多くのキャンプ場で禁止事項になっています。また、ゴミの分別・回収、退出時の掃除など、周囲に迷惑をかけないためのルールとマナーを心がけましょう。

**タナ史上最高の奇跡の１枚** 夜の撮影で星空は半ば諦めていて、夜明け前に起きて朝イチでまさかこんな写真が撮れるとは思っていなかったので、その分余計に感動的だった。

## 海を一望する公園で奇跡の天の川に遭遇!

# ウィッティントン ビーチパーク

### 見渡す限りの水平線 ビーチサイトのキャンプ場

ハワイ島南端近くのナーレフにあるビーチサイトのキャンプ場だ。海がずっと見渡せる公園の一部に区画サイトが設けられている。

波打ち際の方は岩場になっていてテントは張れなかったのだが、陸地の方にキャンピングエリアがあった。そこに「この木なんの木気になる木」のCMに登場するようなすごく大きな木があり、その日はこの木の下にテントを張って寝ることにした。

夜は星空のタイムラプスを撮りたかったのだが、あいにく天気は曇り。星がよく見えなかったため、あまり上手に撮れなかった。そこで一旦諦めて仮眠をとり、朝日を撮ろうと4時半に起きたところ辺りはまだ暗く、見上げた満天の星空に、天の川がドカン！と見えたのだ。そうして撮れた奇跡の1枚が上の写真。ちょっとピンボケしているが、タナ史上最高の出来だ。

日中に見た海の景色も見渡す限りの水平線が広がっていて絶景なので、機会があればキャンプでなくても立ち寄ってみるといいと思う。

## 夜の海岸線に降り注ぐ星の輝き

ウィッティントンビーチパークは海岸線の美しい海沿いの公園だが、ここでの出会いは、海だけではなかった。

**奇跡の時間**

夜明け前の突然の出会いがまさに奇跡の時間に感じられた。

**感動のあいだに訪れた夜明け**

天の川の星空に感動している間に10分くらいですぐに明るくなっていった。

# スケールが違う海沿いの公園

どこまでも続く海岸線の景色が美しい海沿いの公園。地元の人に人気のキャンピングスポットで感じたのは、自然のスケールの大きさだった。

### 木一つとってもデッカい

とにかく自然のスケールが違った。木一つとってもデッカいのである。植物を見るだけでも日本と違って非日常感が強かった。

**木の下にテント**

ウォルマートで買ったテントが、2晩活躍した。結局、2泊分のホテル代が浮いたので、十分元は取れたと思う。

**キャンピングエリアの様子**

キャンピングエリアには、テントサイトやピクニックテーブルが何カ所か点在していた。シャワーもあるので快適だ。

**人気のキャンピングスポット**

屋根付きBBQスペースも3、4カ所くらいあって、地元の人に人気のキャンピングスポットになっているようだった。

**見渡す限り水平線**

水平線を見渡す絶景のビーチサイトの公園の一部にキャンプ場があった。

ブレイク！

# ウィッティントンビーチパーク

ビッグアイランドと呼ばれるハワイ島には、ハワイ郡が運営するキャンプサイトが10カ所、島を囲むように点在する。ウィッティントンビーチパークのサイトは、その中で最も南にあり、最南端近くの東側に位置している。ウィッティントンビーチパークは、ホヌアポ・ベイを遠望する美しい海岸線で訪れる人々を魅了し、週末に家族連れが海沿いのアウトドアを楽しみに来る人気のスポットだ。キャンピングエリアは、その園内に付属している。サイトを利用するには事前の予約が必要で、予約は郡事務所かオンラインで取ることができる。オンライン予約の場合、料金が住人以外は大人1人1泊21ドルだ。園内には休憩所、トイレ、アウトドアシャワー、ピクニックテーブル、ピクニックエリアなどの設備があるが、飲料水はない。直火は禁止されている。海岸は岩が多く遊泳には適さないが、郡のサイトによると釣りや好天であれば、シュノーケリングが楽しめるとのことだ。

ハワイ島に点在する10カ所の郡運営キャンプ場。

## Data

Whittington Beach Park
ウィッティントンビーチパーク

住所 HI-11, Naalehu, HI 96772 U.S.A.
https://hawaiicounty.ehawaii.gov/camping/all,details,57795.html

飲料水 なし

サイト キャンピングエリア有

トイレ 有

設備 ピクニックテーブル、アウトドアシャワー

備考 直火禁止。アルコールは午前10時から午後10時まで
料金など詳細は直接お問い合わせください。

直火、ペット同伴、大きな音のでるものの持ち込みなどは、多くのキャンプ場で禁止事項になっています。また、ゴミの分別・回収、退出時の掃除など、周囲に迷惑をかけないためのルールとマナーを心がけましょう。

こっちも見てね！

タナちゃんねる【ソロキャンプ動画】

＼【第２章】実体験！ 行ってよかったキャンプ場／

# 2章のテーマをさらに深掘り！

### 【ゆるキャン△】ドラマロケ地で冬のソロキャンプ

まだ、キャンプ経験が浅かった頃に陣馬形山キャンプ場で敢行したソロキャンプ。標高1445mで中央・南アルプスを一望できる展望スペースからの景色は圧巻！ 見どころはなんと言っても、人生で２度目くらいに本格撮影に挑んだタイムラプス。

---

### 【ゆるキャン△聖地】ソロキャンプ⛺ 美しい夜景のパインウッドキャンプ場①前編

冬のパインウッドキャンプ場でソロキャンプ。街並みの光が美しい夜景シーンが見どころ。キャンプ料理は soto のダッチオーブンによる豚のコーラ煮込みや餃子。ゆるキャンでも取り上げた笛吹川フルーツ公園のフルーツサンドやほったらかし温泉も登場。

---

### 【ゆるキャン△】⛺湖畔ソロキャンプ① 【実録ひとりキャンプで食って寝る】

ゆるキャン第１話で登場する聖地・本栖湖浩庵キャンプ場で冬ソロ。夜の気温はマイナス５度ぐらいで、テンマクデザインのサーカス TC を初めて使った。見どころは iPhone X で撮影したタイムラプスの富士山や焚火で作ったチョコレートフォンデュなど。

---

### ゆるキャン△聖地ふもとっぱらで２連泊【真冬キャンプ】！ -4 度のテント泊。雰囲気や、景色など winter camp fuji japan cooking gear

12月に行ったゆるキャン聖地・ふもとっぱらでの２連泊の様子。マイナス４度のテント泊となった。キャンプ場の風景や広さ、雰囲気などがわかる。火吹き棒の威力や冬の焚火で飲む熱燗の美味しさを体験。NHK のドキュメント 72 時間でも取り上げられた。

---

### 【前編】熊本にある天空のキャンプ場で仲間と冬キャンプした動画を解説してみました。

熊本のおすすめキャンプ場「ゴンドーシャロレー」のキャンプ動画。友人 3人でキャンプした時の様子を紹介。焚火でいただくご当地グルメの"もつ鍋"に思わず垂涎。

---

### ハワイで海辺キャンプ #1⛺天の川が見えた✨ (hawaii camping MilkyWay TimeLapse)

ウィッティントン・ビーチパークでキャンプ。道具は何も持って行かなかったのでウォルマートでそれっぽい物を最低限購入して臨んだ。圧巻の星空とハワイの海を満喫。

# 3
# 章

# 買ってよかった
# キャンプギア・設営編

ここからは、タナがこれまでに買ってよかったと思えたキャンプギアを紹介する。キャンプ生活のベースとなる設営ギアで、自分なりの空間を演出しよう。

**DD Hammocks DD ピラミッドテント**

**軽量、ワンポール型のソロキャンプ向きテント**

僕が使っているテント。軽くて、ワンポール型なのでソロキャンプや、ブッシュクラフトに最適だ。DD Hammocks社のハンモック（54ページ）も使っているが、テントも秀逸だ。インナーテントはメッシュ製になっていて、夏はこれだけで過ごせる。写真映えもばっちりだ。

タナの こだわり！

**軽さとデザイン性を重視**

僕はソロキャンプの際、身軽に移動していきたいので持ち運びやすさを重視し、さらにデザインのかっこ良さなどを特に考慮して選んでいる。

### まず手に入れておきたいキャンプ生活の拠点

# テント

## あなたは何を重視する？ テント選びのポイント

テントはソロキャンプの必需品。ソロキャンプを始めようと思った時に、最初に揃えるキャンプギアの一つだ。雨風をしのいでくれるだけでなく、キャンプ中の居住空間としてアウトドアなひとときを演出してくれる存在がテントである。

テントの選び方のポイントには、持ち運びのしやすさや軽さ、組み立てやすさ、機能性、デザイン性、価格などがある。ソロキャンプの場合、あまり大きなテントにすると重くなってしまうので、車などですぐそばまで乗りつけられるキャンプ場以外では軽いテントにした方がいい。組み立てが簡単なテントなら、設営をさっと終わらせて炊事やその他の活動に時間を充てることができる。冬場であれば、薪ストーブを使えるテントにするなど、機能性も見極める必要がある。キャンプの雰囲気を重視したい方は、デザインにもこだわってみよう。

このページでは、僕が使っているテント、過去に使っていたテント、人気のあるテントなどを紹介する。

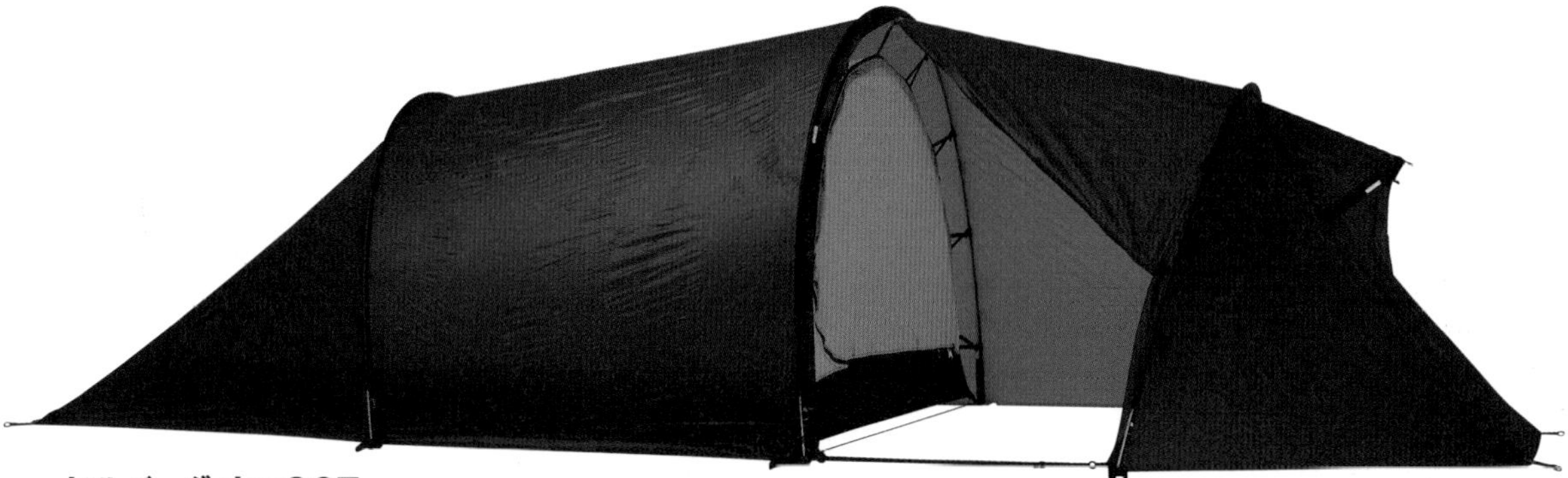

©株式会社エイアンドエフ

### ヒルバーグ ナロ2GT

**軽量なのに環境対応力が高い**

ジオデジックテント（三角形の枠を組み合わせた軽量で剛性の高いドーム）で、風の強い日にも対応できるだけでなく、前室が広く作業や炊事が楽にできる。ペグが打てない場所でも設営が簡単にできる設計で、僕も使っているテントの一つだ。

### テンマクデザイン サーカス TC

**初心者にも設営がカンタン**

ワンポールテントの代表格として人気のテント。設営がとてもカンタンで初心者にもオススメ。難燃性のポリコットンを採用。

©コールマン ジャパン

### コールマン ツーリングドーム／ST

**人気のソロキャンプ定番テント**

ソロキャンプの定番テントだ。1人でも設営しやすく、持ち運びもコンパクト。価格も手ごろなので初心者に適している。

### モンベル クロノスキャビン3

**初めて買った有名ブランドのテント**

僕が初めて買ったテントで、今でもたまに使っている。サイドの風除けが人目も遮ってくれるので非常にありがたい。

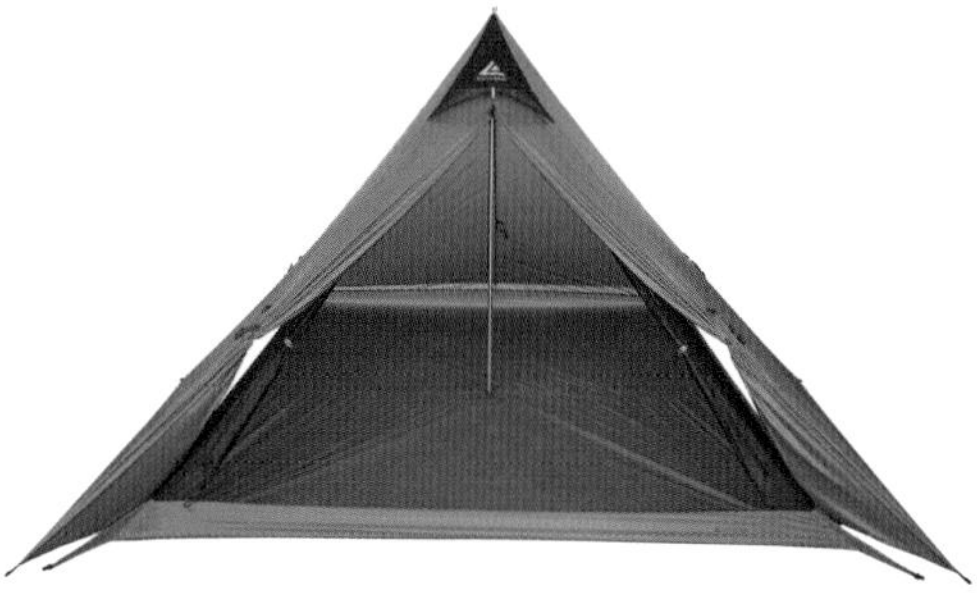

### ローカスギア カフラ HB

**超軽量で持ち運びラクラク**

最大の特徴は1.54kgと超軽量モデルになっていること。インナーはメッシュ素材なので通気性も抜群だ。

**ここでアドバイス！**

**迷ったら評価の高いものを**

初心者の方がテント選びに迷ったら、まずはネットなどで評価の高いものを買ってみることをオススメする。どのキャンプギアにもいえることだが、まずは一番安いものでいいので、買って使ってみて、キャンプの感覚をつかんでいこう。また、キャンプギアはしっかりした素材で作られていることも多いので、中古品を買っても十分使えたりする。徐々にキャンプ慣れして自分の好みがはっきりしてきてから、お好みのテントを選ぶといいだろう。

**タナの こだわり！**

**カモフラ柄がお気に入り**

ミリタリーグッズでよく使われるカモフラ（迷彩）柄を特に好んで使っている。森の中でも違和感がなく、とても雰囲気になじむ。

**DD Hammocks**
**DD フロントラインハンモック**

**カモフラ柄でサバイバルな雰囲気に**

僕が本当に気に入って使っているものだ。冬でも、寝袋とマットレスを活用すれば十分使え、何より設営の手間が楽なのが特徴だ。適当な太さの木が２本あれば、設営は10分もかからない。この上にタープをつければ雨にも対応可能。メッシュが付いているので虫も入って来ず、真夏でも涼しく過ごせる。

## こだわりを生かしてソロキャンプをコーディネート

# ハンモック・タープ

### より雰囲気を楽しみたい キャンプ中級～上級者に

テントでのキャンプもいいが、ハンモックでキャンプをすると、さらにアウトドアを楽しむ雰囲気が出る。

夏場はもちろん、冬場も工夫すればハンモック泊は可能だ。テントよりも軽くて持ち運びが楽なので、身軽さを重視したい方には適している。最初は、寝るときにハンモックが体の形にフィットする感覚に慣れないかもしれないが、慣れていけば寝心地は良い。僕は腰痛持ちだが、違和感なく使えて、とても助かっている。

ハンモックはテントほど機能性や形に違いがあるわけではないので、ある程度デザイン性などで選んでいくといい。木に巻きつけるのも慣れれば数分でできるようになる。

ここでは冬場のハンモック泊に役立つアンダーブランケットや、長さ調節に役立つサスペンションなどのアイテムも紹介する。

また、キャンプ慣れしてきたら、タープやペグなど、他に設営に必要なギアにもこだわってみるとより快適に過ごせるようになるはずだ。

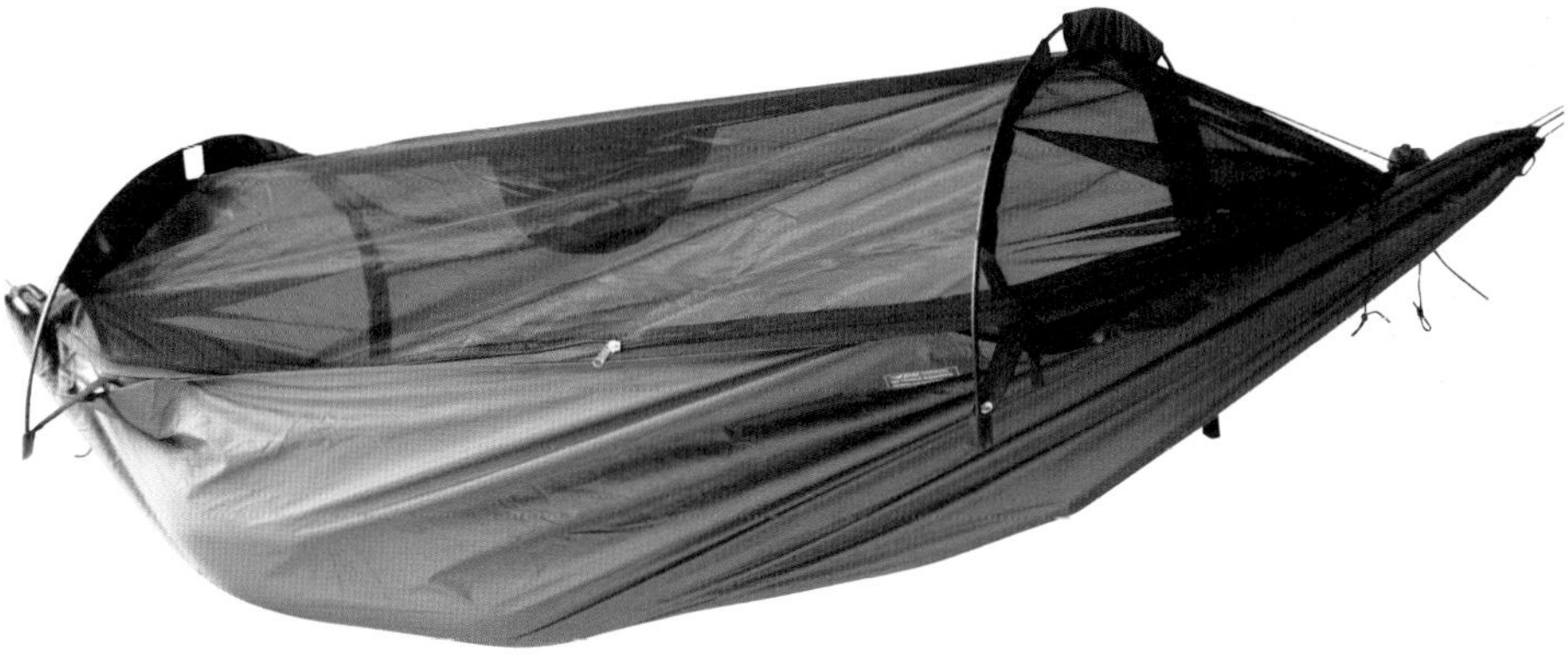

## DD Hammocks
## DD スーパーライト ジャングル ハンモック

**ダントツの機能性を誇る人気のハンモック**

世界的に有名な「DDスーパーライトジャングルハンモック」。雨を防ぐシートや蚊帳が付いているなど、DDハンモックの中でダントツの機能性を持つ。

## DD Hammocks
## DD アンダーブランケット

**アンダーブランケットで冬場も安心**

アンダーブランケットは、ハンモックの下（外側）に付ける防寒ブランケットだ。ハンモックの外側に付けることで空気の層ができ、しっかりと風を防いでくれる。冬にハンモックを活用するときには必須のアイテム。

## DD Hammocks
## 設営アイテム

**オプションでこんなアイテムも活用**

DDハンモック全てに活用ができる設営グッズ。設営の時間を短くする。ハンモック自体の長さ調節が設営後でも楽にできる。

## DD Hammocks
## DDハンモックスリーブ

**スリーブを使えば収納が簡単**

ハンモックを筒状に包んで収納しやすくするアイテム。収納が簡単になるだけでなく、使用していないときにハンモックを乾燥させたり、出かけている間にも雨から守ってくれる。

ブレイク！

### ハンモック泊に適した場所

ハンモック泊では、結びつけるのに適度な木を判断しにくいかもしれないが、両手で幹をつかめるかつかめないかくらいの太さの木であれば大丈夫だ。

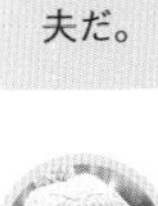

ここでアドバイス！

### 別売りのペグやハンマーは？

最初は、テントに付属のペグを使えば問題ない。僕はペグを選ぶとき、チタン製で軽いものを選ぶようにしている。ただ、風の強いところや地面が固いところでテントを立てるときは、長く強度のある鍛造ペグを使っている。また、ペグ打ちハンマーについては1本持っておくと便利だが、慣れてきたら斧でも代用できるので荷物の軽量化になる。

## DD Hammocks DD タープ

**ピラミッドテントと併用がオススメ**

僕はハンモックとピラミッドテントを合わせて使っている。選ぶときはテントやハンモックと同じメーカーのものにしよう。

タナの
こだわり！

**あえてピカピカにしない**

周りにススなどが付くと味が出てくるので、メンテナンスはあえて灰を払って、ガラス部分のみ磨く程度にとどめている。

**フュアハンド タナ愛用のランタン**

**年季が入れば入るほど味が出るかっこいいオイルランタン**

僕が愛しているランタン。中古でボロボロの状態で購入したのだが、メンテナンスを定期的に行って今でも使っている。オイルランタンはガスランタンに比べて音が出ず、LEDランタンほど光量もないから、雰囲気づくりには最適だ。僕はキャンプ場に到着したら昼間でも構わずまずこのフュアハンドランタンをつけてから設営などの作業を始める。オイルランタンと焚き火の光だけで過ごす時間は最高だ。

## 炎のゆらぎで雰囲気のある夜を演出

# オイルランタン

### 3種類を使い分け オイルランタンはオイル選びも

キャンプの夜を明るく照らしてくれるランタンは、やはりキャンプ必需品だ。ランタンは大きく分けると、オイルランタン・ガスランタン・LEDランタンの3種類がある。それぞれ特徴があるので、好みや用途に応じて使い分けよう。

僕はフュアハンドのオイルランタンを愛用していて、ソロキャンプには常に携帯している。タナちゃんねるの動画にもよく出てくるランタンだ。ここではそれに加えて、デイツ社のハリケーンランタンも紹介する。

オイルランタンの特徴は、燃料持ちがいいということ。ただ燃料自体は灯油などに比べると少し価格が高いので、コストパフォーマンスという点で見るとそれぞれの見方があるだろう。

オイルには香り付きのものや虫よけ効果があるものなど、多くの種類がある。ランタンと一緒に、僕が使っているオススメのオイルなどを紹介する。迷う場合はまず、評価の高いものを選ぶと良い。比較動画も作っているので、良ければ見てみてほしい。

### デイツ 20ハリケーンランタン

**大きな光と厚みのあるボディが特徴**

半つや消しの黒色で非常にかっこいいデザイン。米国デイツ社のハリケーンランタンの中でも、オイルを吸い上げて燃やす芯の部分が太いモデルなので大きい光になる。ボディの鉄板に厚みがあるため、全体の剛性を確保している。
（現在入手困難）

### パーフェクトポーション アウトドアボディスプレー エクストラ

**肌にも優しい アウトドアボディスプレー**

これはオイルではなくボディスプレーである。夏場のキャンプには必須。直接体にかけるものだが、僕は割と好きな香りだ。

©株式会社スター商事

### スターフューエル スターパラフィンオイル

**初めてのオイルに オススメ**

僕が今も2Lサイズを使っているオイルだ。他のオイルと比較して特有の匂いがなく、ススも出にくいのでランタンが汚れづらい。オイルには様々な種類があるので、選ぶ際は自分のランタンで使用可能か、よく確認しておこう。

### ロゴス アロマタブキャンドル

**香りと雰囲気で夜を演出**

虫よけの効果もあるシトロネラハーブの香り付きキャンドル。爽やかな香りと柔らかい炎でアウトドアの雰囲気がより演出される。

**ブレイク！**

**焦げた芯をはさみでカット**

使い込んでいくと、芯の先端部分が焦げてくる。そのままでも使い続けることはできるが、焦げた部分をはさみで切っておくと、火のつき方がきれいになるので、気づいたときにやってみてもいいかもしれない。

**ここで注意！**

**オイルが染み込んでいるのを確認**

使い始めはオイルが芯に染み込んでいないケースがある。しっかりとオイルが吸い上がっているかチェックして火をつけるようにしよう。火がつくと、ランタンのボディはすぐ熱くなるので、やけどしないよう、取っ手を持つように注意が必要だ。

*led gas lant hanum*

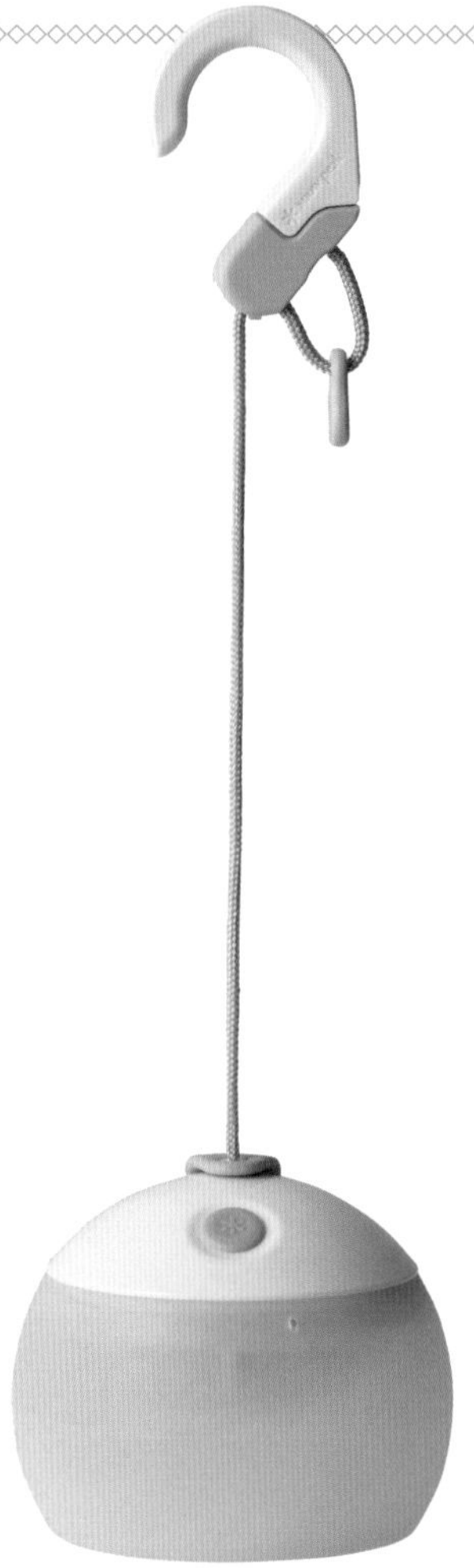

YouTubeへ Go!

### スノーピーク ほおずき

**ほおずき型で見た目も魅力**

可愛らしい"ほおずき型"をしたLEDランタン。充電式で、10時間まで連続点灯できる。ボタンの押す回数、押す長さで光量調節やオンオフが可能。僕も気に入って使っている。

**タナのこだわり！**

**ガスランタンを使うかどうかはこだわり次第**

スノーピーク社のガスランタンはデザイン性に優れたものが多い印象。ただ僕はガスランタンをほとんど使っておらず、LEDとオイルランタンを使っている。

## 明るい光で夜でも安心の明かり

# ガスランタン・LEDランタン

### 用途によってメイン・サブと使い分ける

ガスランタンはオイルランタンに比べ手間のかからないランタンだ。使い方は、CB（カセットボンベ）缶やOD（アウトドア）缶という燃料缶と接続するだけ。メンテナンスもそこまで必要としないので、使い勝手はいいだろう。3種類の中では、ガスランタンは比較的光が強く、価格は高め。また、点灯時に「ゴー」という音がすることが多い。気になる人は気になるかもしれない。

LEDランタンの特徴は、なんといっても安価で購入でき、スイッチを入れるだけで点灯できる手軽さ。電池式と充電式の2種類がある。僕は夜にテントの中で寝るときに、コンタクトを取ったり、探し物をしたり、ちょっとしたライトがほしいときに使っている。キャンプ場で夜トイレに行くときなどに携帯することもある。ポケットに入れられるコンパクトサイズもあるので、用途に合わせて選ぶと便利だ。

ここでは主に、スノーピークとベアボーンズのガス・LEDランタンを紹介する。

### スノーピーク ギガパワーランタン天オート

**スノーピークの初代ランタン**

スノーピークの初代ランタンのリニューアルモデルだ。片手に収まるサイズで、ソロキャンプには十分の80ワットの光量。ポジティブな口コミが非常に多い製品だ。

### スノーピーク リトルランプノクターン

**ソロキャンプに最適でデザイン性もあり**

ガスの消費量は1時間わずか7gという、高効率のリトルランタン。軽くて持ち運び性も高い。CD缶は一番小さな110のサイズ用である。おしゃれでテーブルランプとしても適している。

### ベアボーンズ
### ビーコンライト

**光に模様がある**
**特徴的なランタン**

撮影を行う僕には、ほおずきランタンとセットで必須のLEDランタン。充電式で、模様のある光が個人的にかなり好みだ。

©株式会社エイアンドエフ

### スノーピーク
### たねほおずき

**ぶら下げて活用すると**
**雰囲気が出る**

ほおずきよりも小さく、電池を除いて57gと超軽量。雰囲気が良いのでよく持って行く。僕は基本的にぶら下げて使っている。

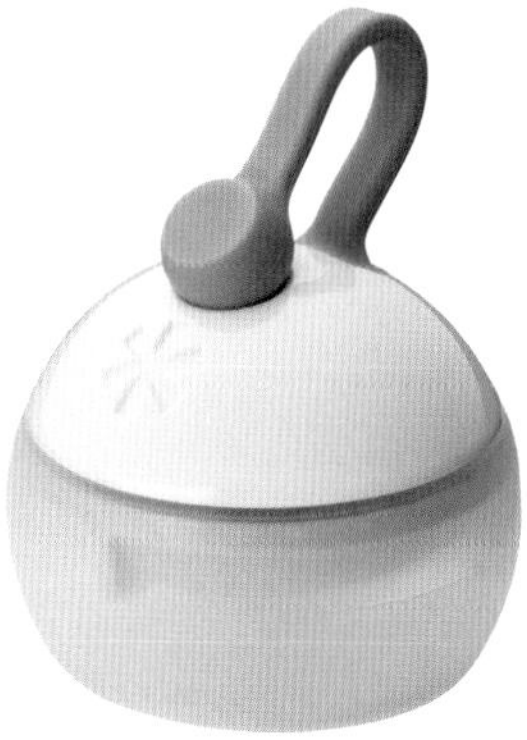

ここで注意！

**メーカーを揃えよう**

ガスランタンに使うCB缶やOD缶に関しては、規格がメーカーごとに微妙に異なる。特に缶の口のところの太さやフィット感が少しずつ違うので、ガスランタンのメーカーと同じメーカーの製品を使う必要がある。ガスが漏れてしまうと非常に危険なので、十分注意しよう。また、LEDランタンは連続点灯可能時間がモノによってかなり違うので確認しておくことをオススメする。

YouTubeへ
Go!

table

タナの
こだわり！

**テーブルはコンパクト性や軽さでチョイス**

テーブルに関しては、僕は軽さを最重視した。ギアによってこだわりのポイントが違うので、自分なりの基準を持っておくといい。

**スノーピーク オゼンライト**

**テーブルの中で最軽量**

登山用とされているが、僕はこれをキャンプで使っている。重さは270gと、探した中で一番軽かったため、この穴あきの「オゼンライト」を選んだ。穴が開いている分、掃除が少ししにくいがあまり気にしていない。

## 料理や食事をするときにモノを並べる場所

# テーブル

### 折りたたんだサイズ感や重さで選択

ソロキャンプにおいては、いかにかさばらないギアを必要最小限の数、持っていくかが大切だ。特にテーブルは、折りたたんだサイズ感によって持っていけるかどうかが決まってくる。

基本的にアウトドアブランドが出しているテーブルは、組み立てと折り畳みが簡単で軽いものが多くなっているが、サイズや材質はそれぞれ微妙に違ってくるので注意しておきたい。

また、どのテーブルも「モノを置く」という機能性に差はほとんどない。デザインの好みや価格を基準に選んでいけば問題ないだろう。

中には、テーブルを持参せず、岩の上などにモノを置くなどで代用しているキャンパーもいる。キャンプ慣れしてくれば、そのような工夫も可能なので、最初は価格が安いものを選んで使い、自分のキャンプスタイルが確立してきたらそのときに再度必要性を判断したり、こだわりを出していくのがいいだろう。

また、ワークラックを使うことで、過ごし方の幅が広がるだろう。

©キャプテンスタッグ株式会社

### キャプテンスタッグ アルミロールテーブル

**ソロキャンプ初心者向き**

キャプテンスタッグ社のアルミロールテーブルは、他のものに比べて少しサイズが大きめのため、調理器具などを置くのに不安な初心者にもオススメ。本体は700g、耐荷重は30kgなので、何でも乗せられる感覚がある。折りたたんで収納時もコンパクト。

### ユニフレーム 焚き火テーブル

**圧倒的キャンパー人気**

キャンパー取材では毎回1人は持っていると言っていいくらい人気のテーブル。焚き火のそばでもガンガン使えて頑丈な作りだ。耐荷重が50kgあり、ダッチオーブンをドンと置いてもまったく問題ない。フックを付けるなど、カスタムしている人も多い。

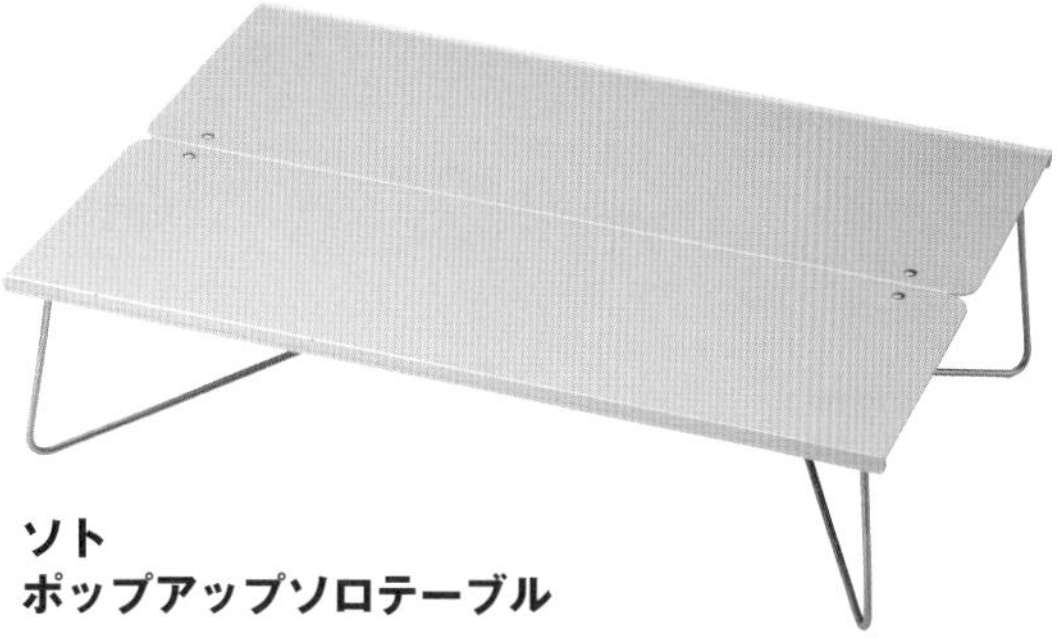

### ソト
### ポップアップソロテーブル

**手軽さの極みを実現**

パッと開いてサッと閉じることができ、人気も高いアルミ製テーブル。思った以上に作りがしっかりしている。

ブレイク！

### ワークラック活用術

僕はキャンプで特に料理にこだわっているので、調理器具や調味料は多すぎと思われるくらい、数や重さを妥協せずに持っていく。2品や3品同時に作ることもあり、そんな時にワークラックを使ってみたことがある。慣れてくれば必ずしも必要ではなくなるが、テーブルの他にワークラックがあると、一時的な保管スペースとしてとても役立つ。少し重さがあるが、組み立てはかなり楽だ。

### テンマクデザイン
### ワークラック

**ちょっとした物置きにぴったり**

キッチンで重宝する収納棚。かさばる調理器具や食器、食材などを整理するのに便利だ。複数台を連結して拡張することが可能。

chair

YouTubeへ
Go!

**タナのこだわり！**

**キャンプスタイルに合わせてチェアを使い分け**

イスなどは重いものを持っていけるときと持っていけないときで、分けてギア選びをしている。自分のキャンプスタイルに合わせて選んでいこう。

**Kermit Chair**
**カーミットチェア**

©株式会社デイトナ・インターナショナルAME Div

**作業中も疲れない快適な座り心地**

カーミットチェアは僕が使っているイスの一つだ。座面の高さは30cmで、重さが2.4kgとしっかりした作りで重めなので、車から近いキャンプ場を利用するときに主に持っていっている。魅力は座り心地。キャンプ時にもときどきパソコンを開いて作業することがある僕にとっては、作業中にベストな座りやすさになっている。オークの木を使っていておしゃれさも兼ね備えている。

## 作業時間もリラックスタイムも快適に

# チェア

### イスは座り心地が最重要

テーブルと並んで買っておきたいキャンプギアであるイス。イスがないと地べたに座ることになり、料理をするときなどは特に不便。座る場所の確保と快適性は大切だ。ただ、しっかりしたものを買おうとするとどうしてもかさばってしまうのも事実。僕は何種類かを買って比べてみて今の形に落ち着いた。

材質や組み立てのしやすさ、コンパクトさ、重量などの他に、「座り心地」も重視しておいたほうがいい。長時間座り続けても耐えられるかどうかは、リラックスタイムの快適さを決めるものだからだ。

また、地面との距離、キャンプ場の地面が柔らかい砂場なのか、砂利の多い川辺なのか、芝生なのか、などによっても違ってくる。これらのポイントを考えつつ、デザインや価格を見比べながら選んでいくのが理想だ。

他のキャンプギア同様、特にこだわりがなければ安いものを買ってみるといいだろう。

### ヘリノックス
### チェアワン

**2Lペットボトルより小さい収納サイズ**

キャンプを始めて初期に購入したもの。軽いし、収納時に2Lペットボトルより小さいサイズまでコンパクトになる。折りたたみチェアのベースとなったモデルとされている。地面が柔らかいところでは足が埋もれやすいため注意しよう。

©株式会社
エイアンドエフ

### ヘリノックス
### ビーチチェアメッシュ

**ビーチでも埋もれない工夫がされている**

ビーチチェアは砂浜でも脚が埋もれない。さらにチェアワンと違い、首のあたりまでもたれかかれるところも魅力だ。真冬でも、ブランケットを敷けば寒さを軽減できるのでオススメだ。

### ブレイク！

**組み合わせいろいろ**

ヘリノックスのサイドストレージに関して、MサイズはSサイズの2.5〜3倍の容量があり、かなりいろいろなものが入れられる作りになっている。ヘリノックスのチェアワンやビーチチェアにつけるとなお良い。ヘリノックス社の製品は組み合わせて使えるものが多いので、拡張性がありオススメだ。また、イスはキャンプの必需品と言ったが、ハンモック泊をする場合は、ハンモックをイス代わりにすることもできる。

### スノーピーク ローチェア30

**ホールド面が広くゆったり座れる**

比較的高級感のあるイス。重さが3.6kgでかさばるし、価格も張るが、ゆったり座ることができる利点がある。

©コールマン ジャパン

### コールマン
### ツーウェイキャプテンチェア

**昔ながらのキャンプイス**

小さい頃から見ていたような一般的にイメージされるキャンプイスだ。僕は大勢でのキャンプ以外に持っていくことはない。

### ヘリノックス ストレージボックスS

**イスの横にちょっとしたモノが置ける**

チェアの横に設置して食器や小物を収納できるサイドストレージ。中に間仕切りが付いていて小分けにもできて便利だ。

タナの
こだわり！

**斧といえばグレンスフォシュ・ブルーク**

僕はグレンスフォシュの斧を知人から中古で譲ってもらった。無骨でかっこいいデザインがとても気に入っている。

**グレンシュフォシュ・ブルーク ワイルドライフ**

**ブッシュクラフトを行う方向け**

このワイルドライフは、ミニハチェットよりも斧頭が160gほど重いモデルだ。片手斧は斧頭がある程度重い方が薪割りをしやすいという特徴があるので、荷物の総重量などによって選び方は変わる。

## 無骨でかっこいいキャンプギア

# 斧

### まずは斧を持っておくこと 一般的な形のものがオススメ

斧は、僕が必ず持って行くキャンプギアの一つだ。鉈、ナイフ、ノコギリなど、いろいろな種類の刃物類の中でも、斧が一番、汎用性があり、必需品だと思っている。ここでは、斧と鉈について説明する。

斧のメインの用途は薪を割ることだ。一方で、鉈は斧よりコンパクトなものが多く小回りが利くため、草や枝を払ったり、木の皮を剥いだりすることができる。ブッシュクラフトなどで道のない山奥などに分け入るときに草木をかき分けるのに使っている人がいる。

ただ、そういうスタイルでなければ、基本的に斧だけで大半のことは解決する。荷物を減らしたい人は斧だけ持っていくのがオススメだ。選び方としては、他のギア同様、あまり冒険せずに最も一般的な形状で、評価の高いものを選ぶこと。先端が重いもの方が薪は割りやすいが、重量は増すので総合的に判断すると良いだろう。

ここでは、3種類の斧に加え、メンテナンスに使うオススメアイテムも2つ紹介する。

### グレンシュフォシュ・ブルーク ミニハチェット

©ファイヤーサイド株式会社

**有名ブランドの軽量モデル**

斧メーカーの中では世界的に有名なブランド「グレンスフォシュ・ブルーク」。ブッシュクラフターの人たちにも愛用されている。グレンスフォシュの斧は、1本1本、スウェーデンの職人が手作りしており、柄にはそれぞれの製作者のイニシャルが刻まれている。ミニハチェットは約360gの軽量モデルだ。本革ケース付き。

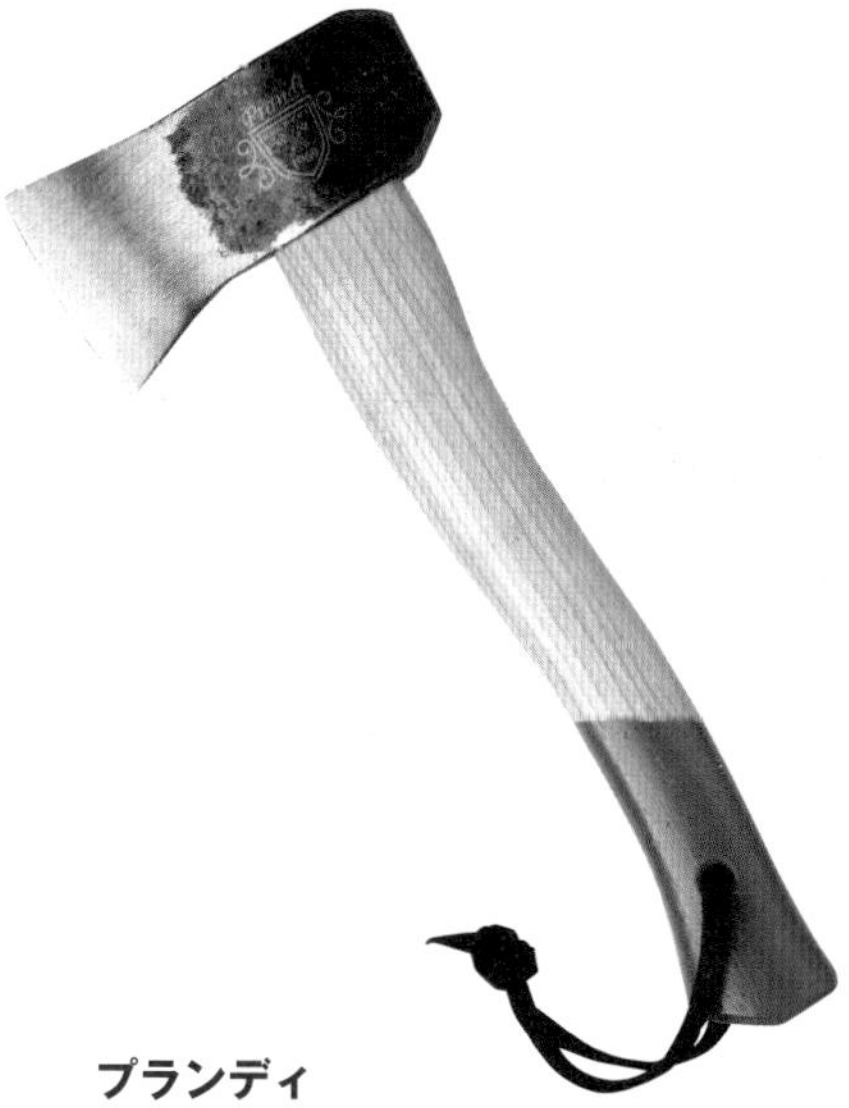

### プランディ キャンプハチェット

©ファイヤーサイド株式会社

**イタリア生まれの名品**

50年の歴史を持つ洗練された造形のプランディ斧。柄のペイントは、自然に溶け込むような日本の古代色3色から選べる（画像は鶯色）。本革ケース付き。

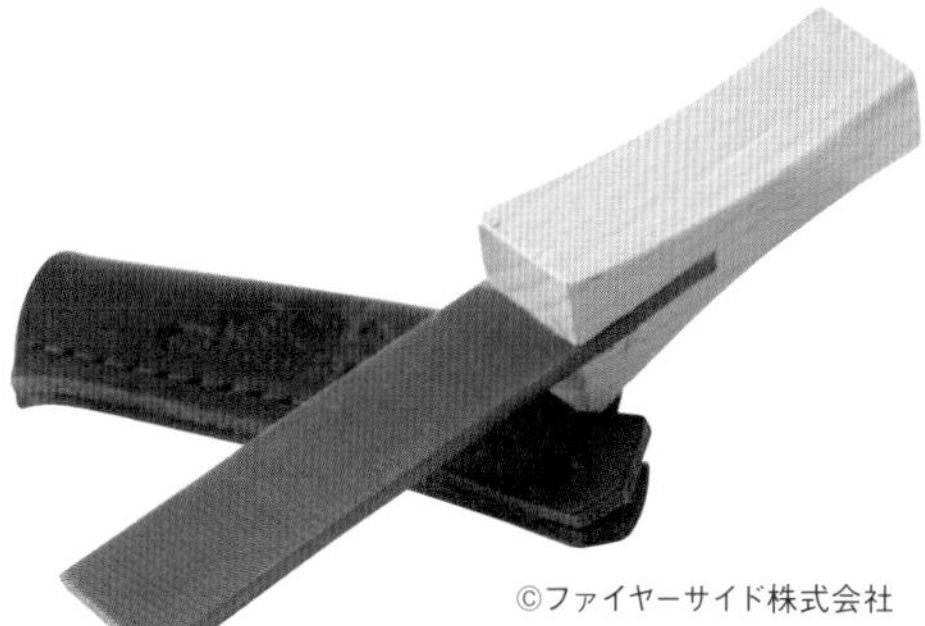

©ファイヤーサイド株式会社

### グレンシュフォシュ・ブルーク ファイルシャープナー

**刃こぼれした斧を整える**

斧が刃こぼれした際に整形するアイテム。グレンスフォシュのシャープナーは初心者の方にも使いやすい設計になっている。粗目仕様。

**ここで注意！**

### メンテナンスアイテムの使い方

キャンプでの斧の出番は、売られている薪を割る場面となるため、特徴的な形状の斧ではなく、王道のものを使うのが無難だ。また、薪を割る際、地面にある石や岩に斧がぶつかり、刃こぼれしてしまうことがある。そのため、1つはメンテナンスアイテムを持っておくことが大切だ。刃こぼれした際は、まず粗目のシャープナーで刃こぼれ部分を整形し、その後細かい面のあるディスクストーンやシャープナーなどで刃を研いでいくというステップを踏む。

©ファイヤーサイド株式会社

### グレンシュフォシュ・ブルーク ディスクストーン

**刃の切れ味を良くする**

刃こぼれがあってもなくても、砥石でメンテナンスを行うのが良い。粗い面で研ぎ、細かい面で仕上げていこう。

タナの
こだわり！

**用途によって使い分ける**

ホーグナイフは汎用性が高くオススメだが、ステンレス製のオピネルナイフと写真にはないがカーボン製のモーラナイフを組み合わせて使っている人も多い。

**ホーグ ナイフ（写真上から2つ目）**

**これ1本で何にでも使える**

無骨で重厚感があり、デザイン面で僕は最も気に入っている。バトニングにはこのホーグナイフがオススメだ。これ1本で薪割りから料理まで何でもこなせるタイプで、サバイバルキャンプをする人が使うケースが多いようだ。コンパクトで持ち運びやすいため、もちろん他のナイフとの併用も可能だ。

## サブとして活用！デザインにもこだわれる

# ナイフ・ノコギリ

### バトニングに適したナイフ 丸太を切れるノコギリ

ナイフやノコギリは、斧に比べると必須アイテムというわけではないが、あると役に立つ場面は多い。

特にナイフには大きさや種類が多いので、用途に応じて適したものを選んでおこう。ナイフの用途としては、斧で割った薪を細くする「バトニング」を行ったり、果物などを切り分けたりなどがある。

ただ、調理のときに具材をカットする用途には、僕はナイフよりも三徳包丁を使用することが多いので、このページで併せて紹介する。

ノコギリは、丸太を切るなど用途は限られるが、サイズはポケットサイズから大きめのものまである。刃渡りが長いものの方が太い丸太は断然切りやすくなるので、必要に応じて揃えておきたい。1つ購入しておいて、必要なときだけ持っていくなど、サブ的なギアとして使うのがいいだろう。

いずれも機能としてはあまり変わらないので、扱いやすさ、価格、形状などがある程度基準を満たしていれば好みのデザインで選んでも問題ない。

### シルキー ズバット 本体390

**刃渡りが長めで切りやすい**

「カーブソウ」と言われる、刃が弧を描いている形状のノコギリ。自分の目線より高いところの木を切ったり、太い丸太を切るときに切りやすい設計だ。刃渡りが長いので、一気に切れて、気持ちがいい。

### シルキー ポケットボーイ万能目130

**常に携帯できるポケットサイズ**

小さめのサイズのポケットノコギリ。僕は基本的に持っていくようにしているが、太い丸太を切るのにはオススメしない。

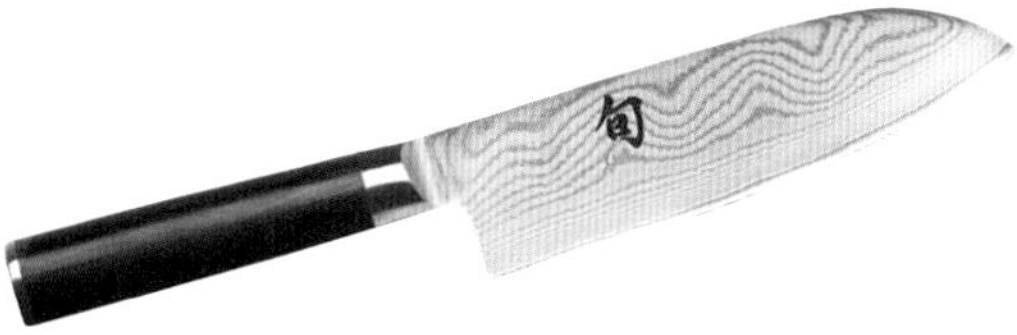


### 貝印 旬Shun Classic 三徳ナイフ175mm

**抜群に切れる1本**

僕が調理時に使っている包丁だ。他と比べてもダントツの切れ味で、肉も野菜もすっと切れる。デザインも美しくオススメだ。

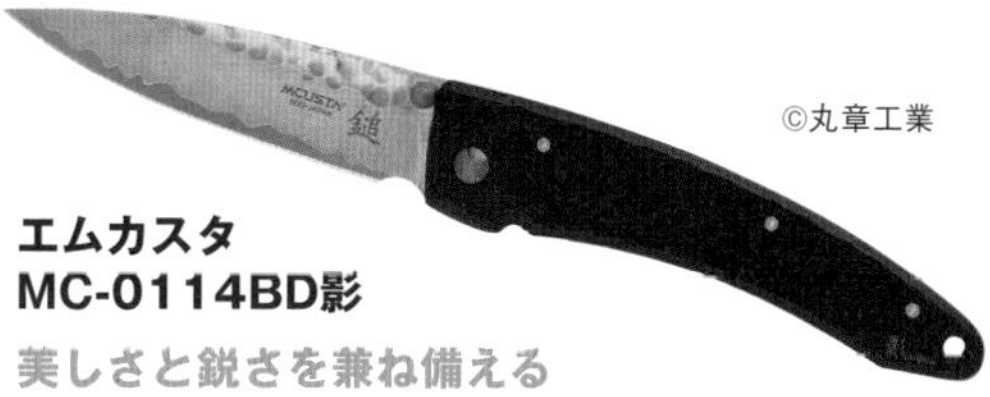

©丸章工業

### エムカスタ MC-0114BD影

**美しさと鋭さを兼ね備える**

機械加工と手加工の融合をコンセプトに作られたエムカスタのナイフ。ダマスカスの鎚目模様の荒々しさと、鋭い切れ味は、見た目と使い心地であらゆる場面で満足させる。

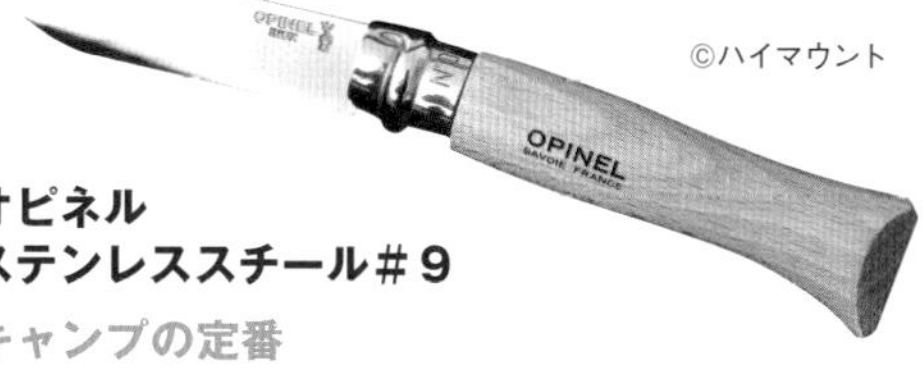


©ハイマウント

### オピネル ステンレススチール＃9

**キャンプの定番**

定番のナイフ。「#」でサイズを表しており、僕は＃8を購入した。ステンレス製かカーボン製を選ぶことができる。初心者には、錆びにくく欠けにくいステンレス製をオススメしている。ただし、砥石などでのメンテナンスは必須だ。

ブレイク！

### 知っておきたい薪の種類

薪にはいろいろな種類があり、モノによって火持ちや熱量が全然違う。大きく分けると、カシやナラ・クヌギなどの広葉樹と、スギやマツなどの針葉樹があり、燃焼時間が長く焚き火に適しているのは広葉樹だ。ただ、太く詰まっている分、最初に火をつけるのが難しい。その点針葉樹の方が火は着きやすいが、すぐ燃え切ってしまうのでより多くの薪が必要になる。また、炭を使う場合もあるが、その際僕は岩手の切炭をよく使う。広葉樹を使っているが火が着きやすく、燃えるときの心地良い音も魅力の炭だ。

こっちも見てね！

タナちゃんねる【ソロキャンプ動画】

＼【第3章】買ってよかったキャンプギア・設営編／

## 3章のテーマをさらに深掘り！

**【ソロテント】11種類**
**ソロキャンパーの使用するキャンプ道具まとめ part1**

キャンパー取材で出会ったソロキャンプ用テントのダイジェスト版。part1で11種類、part2では12種類紹介しているので、自分好みのテントを見つけてほしい。

---

**キャンプ道具比較【LED ランタン 11選】**
**おすすめ人気 No.1 は？防災や災害にも**

58-59 ページで紹介したLED ランタンを含む、計11種の LED ランタンを比較。明るさや光の雰囲気は、商品によってかなり違うことがわかるので、見て確認することをおすすめする。

---

**【キャンプテーブル No.1】キャンパー 100組に聞いた人気ランキング**

キャンパー取材でわかった人気テーブル5種類をランキングで紹介。61ページで紹介した「ユニフレーム焚き火テーブル」が、ランキング1位となった。

---

**【キャンプチェア椅子7選】比較 人気 No.1 おすすめランキング**
**アウトドア／登山 軽量コンパクト（道具紹介）**

キャンプチェアを7種類比較した動画。ヘリノックス、スノーピーク、コールマンのチェアに加え、サイドストレージも2サイズ紹介しており、使い方や大きさの確認もできる。

---

**# シルキー # ノコギリ 2種比較 ズバット（カーブソウ）とポケットボーイ**

シルキーのカーブソウノコギリ2種類を、実際に木を伐りながら比較している。2分少々の短い動画だが、使用シーンを動画にしているため、十分に雰囲気は伝わるだろう。

---

**ペグハンマー7種比較 おすすめ NO1 は？**
**スノーピーク、村の鍛冶屋、激安中華製 ... キャンプ道具選び初心者向け**

本文では紹介できなかったペグ打ちのハンマー7種類の比較。有名メーカー製からプラスチック製まで、実際にペグを打ち込んで、握り心地や打ち心地を試してみた。

---

**【キャンプ道具ベスト10 ギア 2020 年版 人気 No.1 は！？】**
**本当に買ってよかった（ランキング形式人気おすすめ）**

本文では紹介できなかったペグ打ちのハンマー7種類の比較。有名メーカー製からプラスチック製まで、実際にペグを打ち込んで、握り心地や打ち心地を試してみた。

# 4
# 章

# 買ってよかった キャンプギア・食事編

タナにとってソロキャンプのメインともいえる料理の時間。この章では、タナこだわりの火おこしグッズや調理器具、お気に入りの食器などを紹介する。

タナの こだわり！

**重さが異なる5タイプ展開**

ピコグリルには他に「760」と「498」と「239」と「85」がある。「239」と「85」の2つは筒型のタイプになっており、「398」とは使い勝手が異なるので注意しよう。

**スイスSTC社 ピコグリル398**

**A4ほどの収納サイズでコンパクトに**

ピコグリルの焚き火台は特にソロキャンプにオススメしたい。僕が使っているこのモデルは398gだ。設置しやすく、手入れの必要もあまりなく、女性にも扱いやすい。片づけの際にはA4サイズくらいまで小さくなるため、非常にコンパクトだ。スピット（串）があれば8インチのダッチオーブンも使用可能。

## 調理に、明かりに、防寒に。キャンプ生活を支える

# 焚き火台

### 種類が多く個性が出やすい

キャンプ場には直火がNGなところも多く、焚き火台はキャンプ必需品と言える。焚き火台の中に薪を置いて火をつけ、暖を取ったり、その上で調理をしたりすることができる。ソロキャンプにおいてはコンパクト性を重視する人は多いが、小さすぎても市販の薪が入らなかったり調理に不便だったりするので気を付けよう。

軽さを重視したい人にはピコグリルに優位性がある。5サイズ展開なので、大きさはそれぞれの目的に合うものを選ぶと良い。それ以外のブランドでは、焚き火台はそれぞれ違う見た目の個性があるので、好みのデザインを選ぶのもいいだろう。

ソロキャンプや2人でのキャンプを想定した焚き火台を中心に比較動画も出しているので、迷う場合は見てみてほしい。ちなみに、筒型のタイプは火が上に上がってくるので火力が出やすい特徴がある。他にも、組み立てやすさ、片づけやすさにもそれぞれ違いがあるので、自分なりの基準を設けて選ぼう。

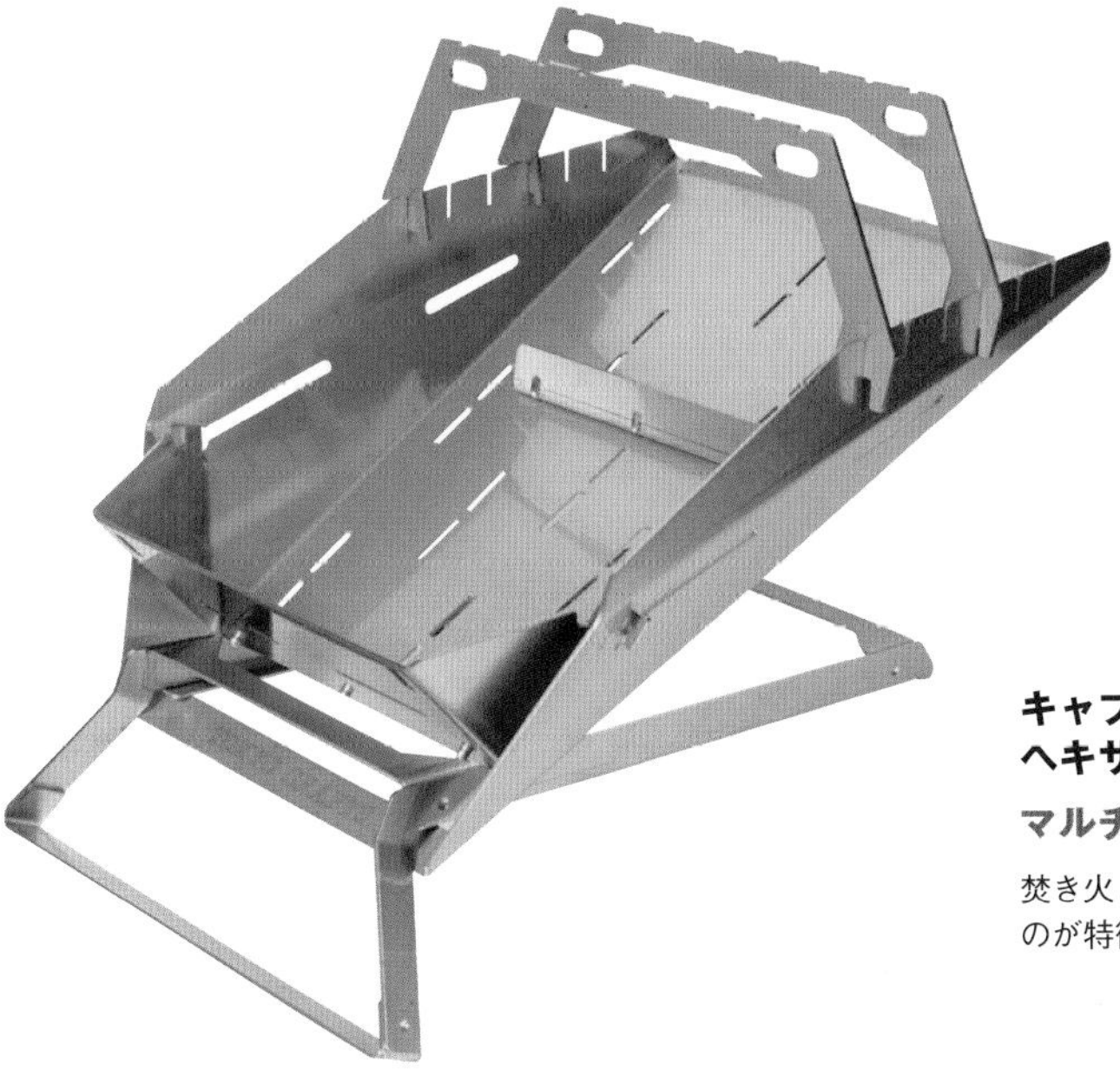

## TOKYO CRAFTS KUBERU

### タナプロデュースのこだわり焚き火台

「TOKYO CRAFTS」の第1弾アイテムとして開発した焚き火台。オートキャンプ場向きだが、設置のしやすさ、耐久性、使い勝手にこだわった作りが特徴。市販の薪でもそのまま使えるだけでなく、傾きがあるため、薪の追加もしやすい。

©キャプテンスタッグ
株式会社

## キャプテンスタッグ<br>ヘキサステンレス ファイアグリル

### マルチユースの網付き焚き火台

焚き火とバーベキューが楽しめる一台2役。網が付属されているのが特徴だ。網を使うときは下に炭を入れると調理がしやすい。

©LOGOS

## ロゴス<br>ピラミッドグリル・コンパクト

### 軽量なのに頼もしい

ピコグリル85より少し大きい程度のコンパクトサイズ。軽量だが、ダッチオーブンを乗せられる丈夫さも併せ持つ。

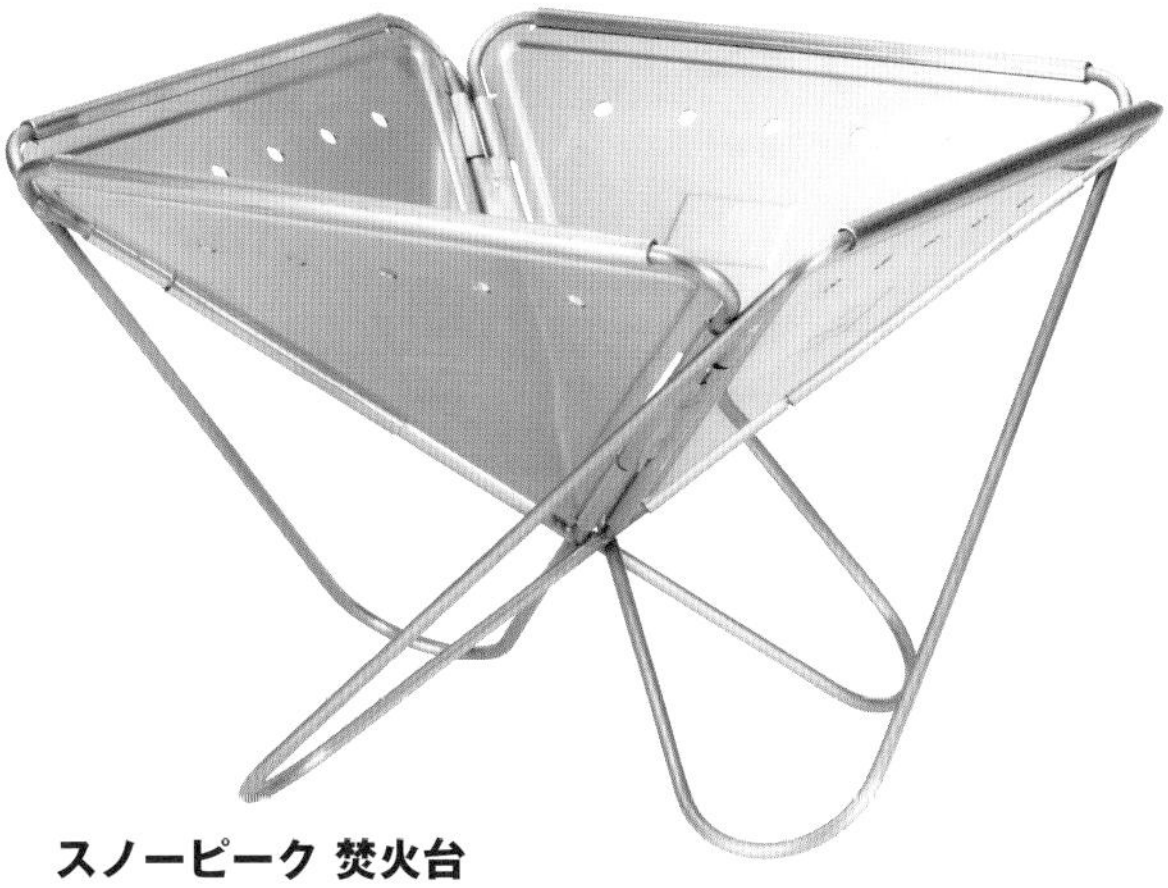

## スノーピーク 焚火台

### アウトドアブランドならではの高品質

Sサイズでも1.8kgあり、かなり頑丈な作りになっている。使用しているキャンパーに取材した際、長期間壊れず使えているとのこと。市販の薪も入れられるサイズ感だ。

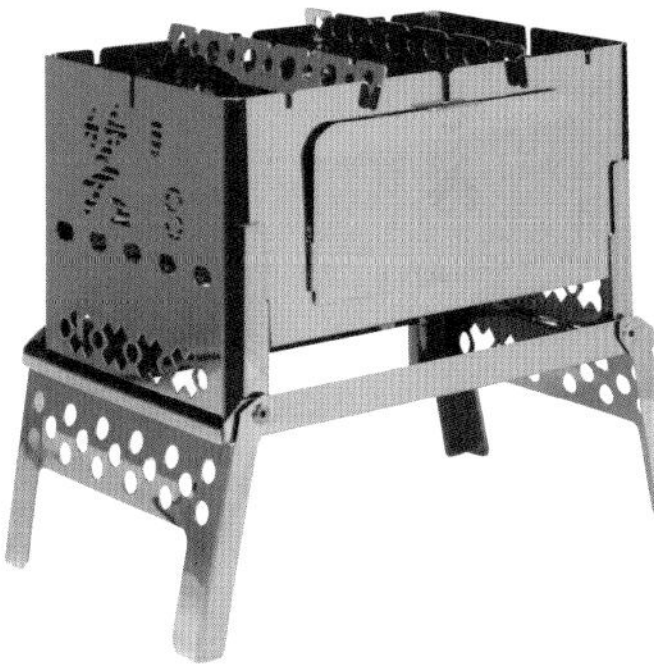

## 笑's<br>コンパクト焚き火<br>グリルB-6君

### 某有名キャンプ漫画で登場

名前の由来はB6サイズに収納できること。漫画作品とのコラボ製品で、知名度や人気の高いアイテムになっている。

**ここで注意！**

### ススによる汚れに注意

ここで紹介した焚き火台は、市販の薪が入らないものが多いので、斧で割るなどのひと手間が必要だ。また、焚き火台は、使用後にススだらけになるので、きちんとススや灰を払い、袋などに入れておかないと車が汚れることがあるので注意しよう。

**ブレイク！**

### タナのギアブランド「TOKYO CRAFTS」

2021年に立ち上げたブランド「TOKYO CRAFTS」。「日本人が手がけた機能美が感じられるデザインを世界に届けたい」という夢の実現に向けて、手に取って得られる愛着や楽しさ、心地良さを届けるべく、プロダクト開発を行なっている。

Ignition agent

YouTubeへGo!

©LOGOS

**タナのこだわり！**

**防水性が高くイチオシ**

僕は最初の頃、このロゴスの着火剤をよく使っていた。ここまでの防水性を持っている着火剤は他にないと思うので、個人的にはイチオシだ。

**ロゴス**
**防水ファイアーライター**

**水に濡れても着火可能**

圧倒的に防水性が優れているロゴスの着火剤。ロウソクのロウみたいな見た目で、一気に火がつく上に火力も強い。水を吹きかけても消えず、さらには、雨や飲み物で濡れてしまってからでも着火できる代物だ。雨が降っていても使えて、コストパフォーマンスの面から見ても優れているため、僕は常備している。

### 焚き火周りの必須ギア

# 着火剤・炭ばさみ・ファイヤースターター

## 着火前後の作業を楽にする3つのアイテム

ここで紹介するのは、主に焚き火をするときに必要になってくるキャンプギアだ。どれもキャンプに必須と言っていいものなので、一通り揃えておこう。

着火剤は、薪や炭に火をつけやすくするアイテムで、固形タイプとジェルタイプがある。僕は、現在はほぼ使うことはないが、慣れるまではあった方が良いだろう。朝起きてすぐに火がほしいというときなどにも役立つので、予備の着火剤を車の中に積んでおくと便利だ。

また、火をつけるときにマッチやライターの代わりになるのがファイヤースターターである。モノによって、使う際の握りやすさや火花の出やすさに差があるので、選ぶときは注意したい。ファイヤースターターがあると一気にキャンプ感が出るので、ぜひ活用してみよう。

炭ばさみについては、薪や炭を持ちやすいかどうかだけでなく、焚き火の上に置いたケトルを移動させやすいかどうかも僕は重視している。

**ブッシュクラフト 麻の火口**

**火おこしをより簡単に**

天然素材の麻の繊維。ファイヤースターターと組み合わせて使えばより手軽で簡単に火おこしができる。

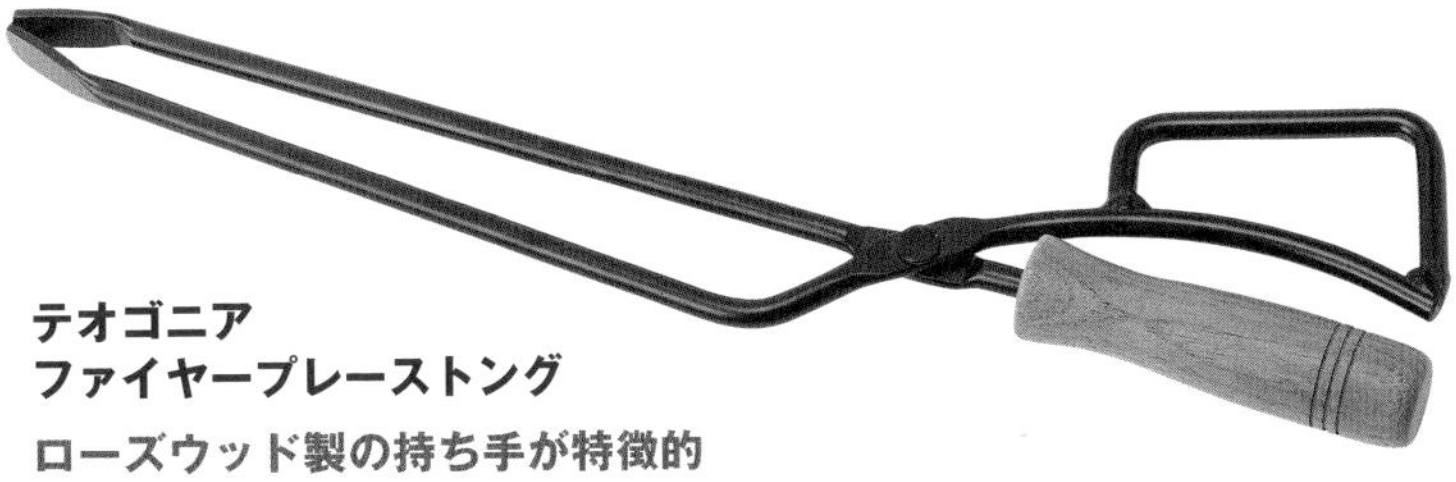

**テオゴニア**
**ファイヤープレーストング**

**ローズウッド製の持ち手が特徴的**

長さが42cm、390gと比較的しっかりした作りの炭ばさみ。本体はスチール製、グリップがローズウットでできている。しっかりと掴めるように先端の面積が広くなっている。デザインが良く、僕も好んで使っている。

**ブッシュクラフト**
**ファイヤースチール**

**スタンダードなファイヤースターター**

ファイヤースターターとしては有名なモデル。価格は高い方だが、火は着きやすいので評価は高い。

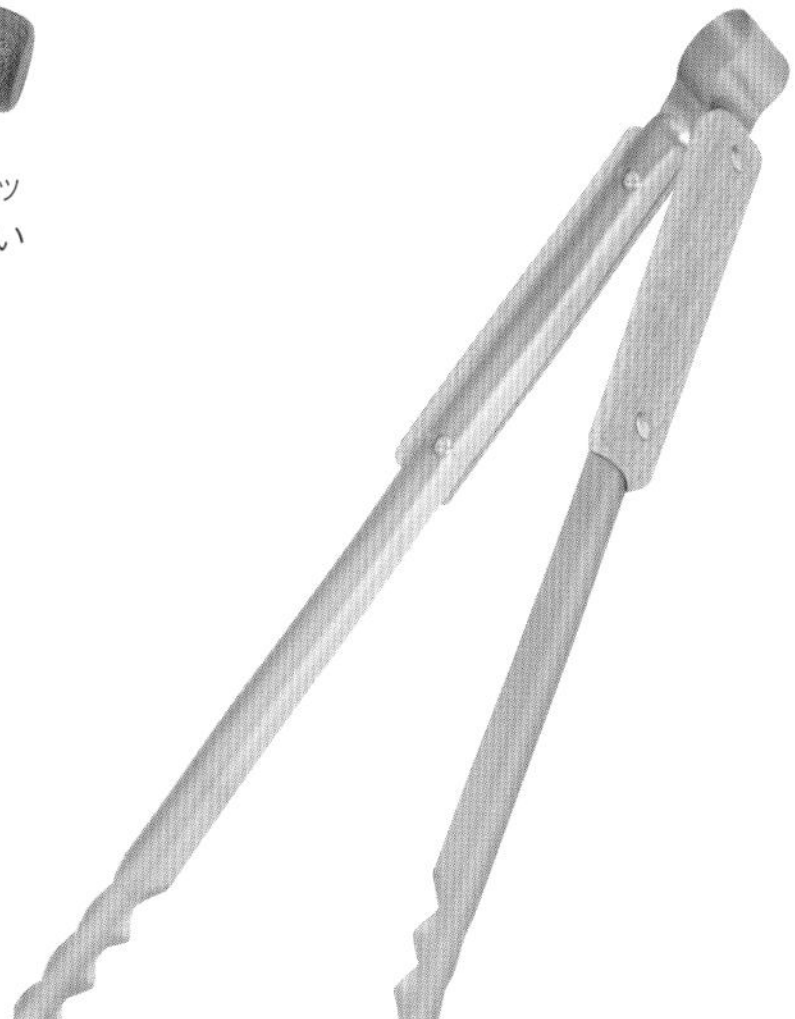

**スノーピーク 火ばさみ**

**手が小さい人でも扱いやすい**

先端がギザギザして滑りにくい設計。手袋をしていても持ちやすく、デフォルトが開いた状態なので大きなものを扱うのに便利だ。

**ここで注意！**

**ジェルタイプの継ぎ足しは厳禁！**

ジェルタイプの着火剤を使うとき、「継ぎ足し」をするのは火が上がってくる可能性があるので非常に危険だ。ジェルタイプで着火するときは、火をつける前にたっぷりとつけておくようにしよう。また、すぐに火をつけたい場合は、固形タイプとジェルタイプを併用する方法もある。固形燃料を下に敷き、炭を置いて、その上からジェルをかけてつけるようにすると、早く火が着く。バーベキューなど、準備を早くしたいときにはオススメの方法である。火おこしに慣れてきたら、着火剤を卒業して麻などを利用した火おこしをすると、よりプリミティブなキャンプになるだろう。

fire-breathing stick

YouTubeへGo!

タナのこだわり！

**自然に溶け込むカラーもオススメ**

グリップスワニーの定番は黄色のグローブだが、アウトドアの雰囲気に溶け込むナチュラルカラーも出ているのでチェックしてみよう。

**グリップスワニー レザーグローブG-1**

**人気ブランドのベーシックモデル**

アメリカ産牛皮革、ハイテク繊維のケブラーを縫い糸に使ったグローブ。焚き火やキャンプだけでなく、バイクや登山、釣り、乗馬などさまざまなアウトドアシーンで使われている丈夫な品だ。日本人向けに形がカスタムされており、着け心地は◎。

## 焚き火の時間をより快適に

# 焚き火周りのアイテム

### 火吹き棒を使うと“キャンプ感”3割増

ここで紹介するのは、焚き火をする際に持っておくと役立つ4種類のアイテムだ。これらがあると、より快適に焚き火の時間を過ごすことができるため、余裕があれば揃えよう。

まず、火吹き棒は1本持っておくことを強くオススメする。キャンプを始めた頃の僕は、火に風を送って大きくするのにうちわを使っていた。バーベキュー場などでもよく見る光景だ。しかし、火吹き棒を紹介されて使ってみると、その使い勝手の良さに驚いた。それ以来、火吹き棒を常用するようになった。

薪スタンドを使うと、湿った地面に置かれた薪が湿ってしまうのを避けることができ、焚き火のそばに置いてあると雰囲気も出てくる。

焚き火台シートは、火の粉が直に芝生やウッドデッキに落ちて焦げたり汚れたりするのを防ぐ役割がある。地面に草が生えている場合に、特に役立つ。

レザーグローブは、焚き火の上で炭ばさみや調理器具を扱うときにあると手を保護してくれるものだ。

©株式会社カワセ

### バンドック
### 薪 キャリー スタンド

**おしゃれに薪を置いておける**

シンプルな作りで雰囲気も出る薪スタンド。1.75kgの重さがあるので、持っていくかどうかは他の荷物量との兼ね合いによるだろう。

### マックスブースト
### ポケットふいご

**コンパクトさ重視ならこれ**

他の火吹き棒に比べるとコンパクトな作りの高品質なステンレス鋼製火吹き棒。収納サイズが9.5㎝、最長で48.5㎝まで伸びる。少しでもコンパクトにしたい人はこれを持っておくと良いだろう。

©LOGOS

### ロゴス
### たき火台シート

**焚き火後も芝生を汚さない**

耐熱温度500℃の焚き火台シート。芝生やウッドデッキの上でも安心して焚き火台が使えるという。

**ここで注意！**

**焚き火で燃やすのは薪と炭だけ**

焚き火では、薪と炭以外のものはあまり燃やさないようにしよう。ビニールはもちろん、段ボールや生ごみ、貝殻などもNG。マナーを守るのも、ソロキャンパーに必要な資質だ。

**ブレイク！**

**薪スタンドがないときは？**

長時間土や芝生の地面に薪を放置すると、どうしても湿ってしまい、火の着きが悪くなる。ただ、僕は薪スタンドをほとんど使うことがない。薪の中から2本だけ取り出し、少し離して縦向きに地面に置き、その上に横向きに残りの薪をのせておくようにしている。2本犠牲にすることになるが、薪スタンドがないときの工夫として覚えておくと役立つだろう。

### スノーピーク ファイヤーサイドグローブ

**焚き火の上でも安心の分厚さ**

二重構造のレザーグローブで、インナーは取り外せるようになっている。価格は張るがデザインと機能が気に入って使っていた。

タナの
こだわり！

**メンテナンスにもこだわりを**

焼き物はもちろん、揚げ物もできるタークのフライパン。使用後はたわしとぬるま湯で洗い、オイルを塗って保管をしている。長く使うためにメンテナンスは欠かさない。

**ドイツ ターク社 クラシックフライパン**

**100年使える！タナ愛用フライパン**

僕は28cmのものを使っているが、1.5kgあるため、一般的なソロキャンパーであれば2〜3段階小さいものをオススメする。手作りで、1枚の鉄を叩き伸ばして作られているので、取っ手と面との継ぎ目がなく、耐久性が高い。100年でも使えると言われている。蓄熱性もあるため、ステーキがかなり美味しく焼ける。使い始めにシーズニングが必要だが、間違いなく買ってよかった調理器具である。

## こだわりの調理器具でキャンプ料理がより映える

# フライパン・スキレット・鉄板・ダッチオーブン

### 何にこだわるか？を決めて選ぶべし

ここからは、調理器具を紹介する。まずはフライパンだ。僕がステーキをはじめ本格料理を作るときには必ずと言っていいほどこのフライパンを使っている。鉄製なので非常に重いが、こだわりのギアなのでそこは妥協するつもりはない。このように、こだわりのポイントにはとことんこだわってギア選びをすると、ソロキャンプの満足度が大きく変わるはずだ。

鋳鉄製で厚みのあるフライパンを指すスキレットは、食材にしっかりと熱を伝えてくれるので、うま味が引き出されて美味しく料理が作れる。フライパンに比べると小ぶりなので、ソロキャンプにも向いており、さらにはそのまま器としても使えるので食器を使う必要がない。

フライパン、スキレットの他、鉄板、卵焼き用フライパン、ダッチオーブンを取り上げた。ダッチオーブンはあらゆる調理法に使える万能鍋だ。何を作りたいかによっても必要な器具は変わってくるので、よく考えて選んでほしい。

## ロッジ
## スキレット6 1/2インチ

### メインも軽食もこれ一つで

6.5インチのスキレット。ソロキャンプにはちょうどいいサイズだ。メインの肉も焼けるが、アヒージョなど軽食系の料理にも適している。こちらも使用していて、鉄のフライパンと同様、洗剤を使わずに洗い、オイルを塗って保管をしている。

## 中村銅器製作所 銅製 玉子焼鍋 12長

### 美味しい卵焼きを作りたい人に

ムラなく火が通る銅製の卵焼き器。卵がこびりつかずスムーズに巻ける。キャンプ用品ではないため、こだわりのある人向けのギアだ

## ウープスアウトドア
## アウトドア野外鉄板
## ウープスアイアンソロ

### 美味しく焼ける野外鉄板

これも僕が使用してきたモノの一つだ。野外鉄板で焼く肉はかなり美味しい。ヘリがある分食材が落ちづらいようにはなっているが、ウインナーを焼くと、コロコロ転がって落ちてしまうことも多い (笑)。

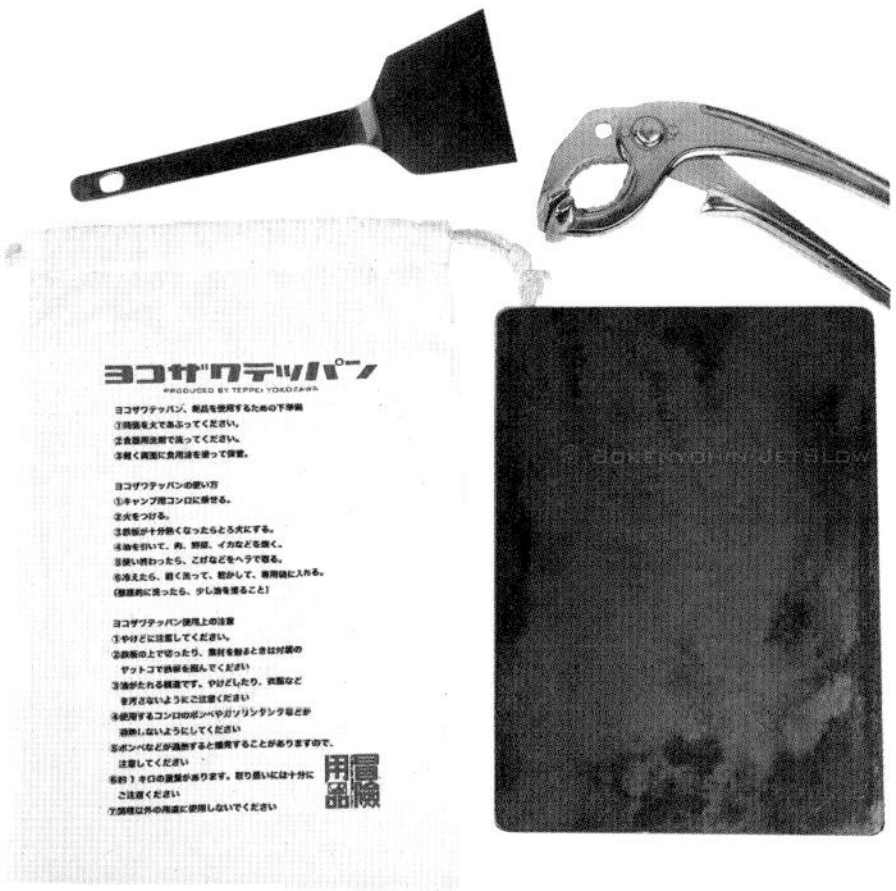


## ジェットスロウ
## ヨコザワテッパン

### 複数人使用もできるA5サイズ

ヘりのない鉄板だが、A5サイズであるため、ウープス製の野外鉄板よりも大きく、安心感がある。複数人でも使える大きさだ。

## ソト
## ステンレスダッチオーブン (8インチ)

### タナも定期的に使用するダッチオーブン

シーズニングが必要なく、洗剤で洗えるので管理は簡単で、僕もよく使う。一番小さいサイズでも4人分くらいまかなえる。

**ここで注意！**

### メンテナンスを忘れずに

フライパンとスキレットのところで紹介したように、メンテナンスに手間がかかるものがある。どちらも最初にシーズニング（焼き慣らし）が必要だ。シーズニングのやり方は動画を作っているので必要な方はぜひ見てほしい。洗剤を使わずに油を塗り、湿気を飛ばした状態で保管しないと、すぐに錆びてしまう。そのため、愛着を持って使い続けられるようなモノを選んでおくことをオススメする。

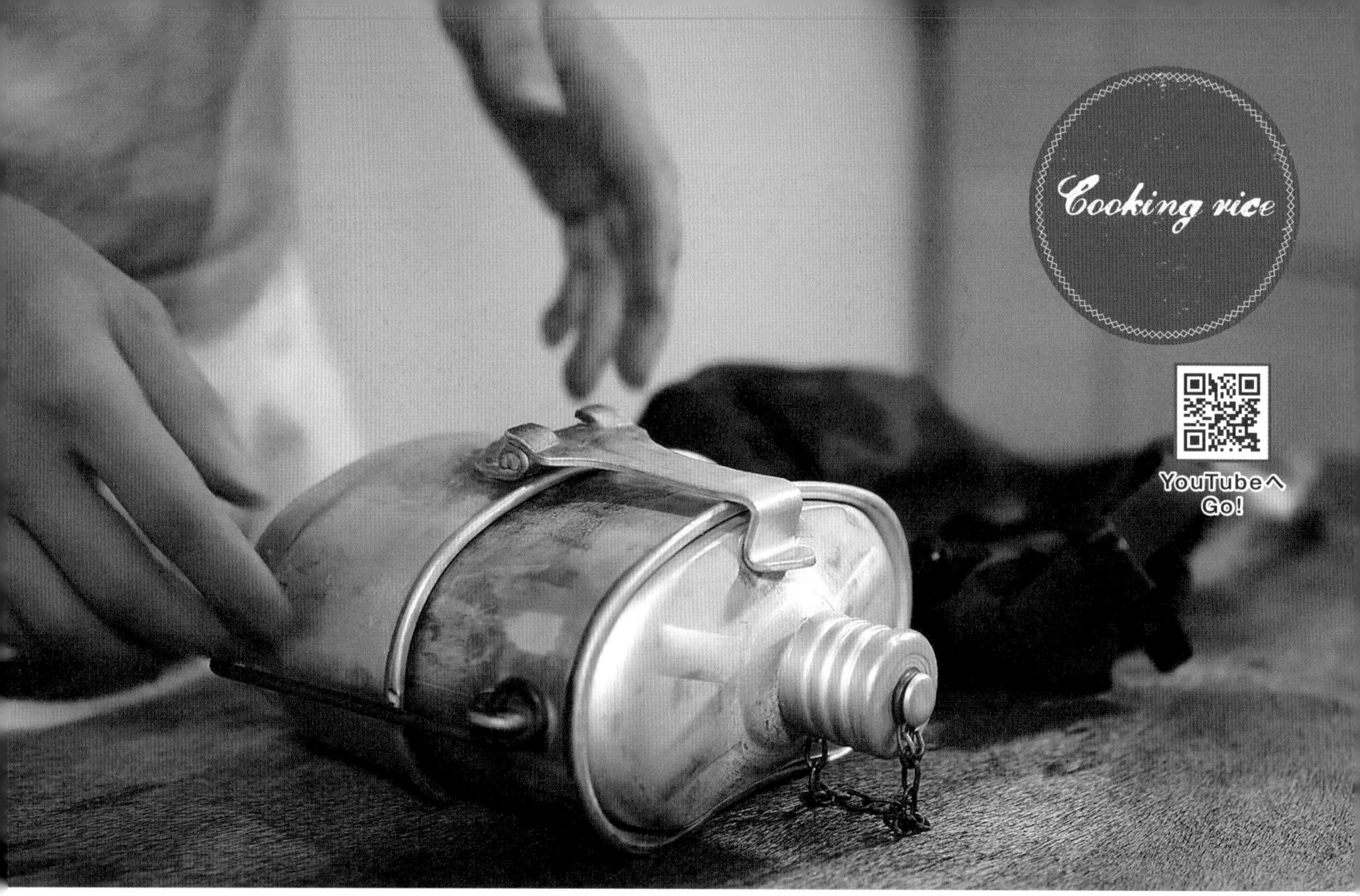

タナの
こだわり！

**幅広く使えて丈夫**

アルミ製なので軽くて丈夫。傷が付いてもそれが味になるようなデザインになっている。1Lの水が入るので用途は幅広い。

**ロシア軍 空挺作戦部隊キャンティーンセット**

**ロシア軍が使っていた**

すごく気に入っているアイテムの一つだ。サバイバル感が出るので、僕は軍モノをとても好んでいる。ロシアの軍隊が使っていたデッドストックや、ヴィンテージ品のような形で販売されているものを購入した。水筒と飯ごうと取っ手のついた器の3点セットになっていて、組み合わせることで飯ごうに蓋をし、炊飯できるようになっている。

## アウトドアでも美味しいごはんが食べられる

# 炊飯グッズ

### キャンプ用炊飯グッズは多種多様

ここで紹介するはんごうや羽釜は、アウトドアでも美味しいごはんを炊くことができるアイテムだ。その他、土鍋、ライスクッカー、メスティン、メスキットなど、いろいろな種類のギアがあるので、それぞれの好みで選んでいこう。選び方の主なポイントは、価格、デザイン性、高級感、用途の幅広さ、収納のコンパクトさなどがある。

野外での炊飯については、慣れるまでは失敗することもあるかもしれないが、ちなみに僕は失敗したことがない。どれを使っても手順さえしっかり踏んでいればきちんと炊けるので安心してほしい。

炊いたごはんの美味しさについては、僕の感覚では、そこまで差は感じない（もちろん本格羽釜で炊いたごはんは美味しいが）。他のギア同様、まずは安いものや評価の高いものを使いながら、徐々に見極めていけばいいだろう。僕は焚き火の中に置いたときの雰囲気の良さなども考えて選んでいる。

お気に入りが見つかれば、食事時間をより気分良く過ごせるだろう。

### フランス軍 メスキット

**フランス軍使用のクッカー**

大中小の３サイズの長方形の器が組み合わさっている、フランス軍のメスキット。メスティンと比べて分厚い作りになっている分頑丈で、ごはんが美味しく炊けると言う人もいる。これも僕のお気に入りアイテムの一つだ。ごはん以外にも様々な料理が作れて、食器としての活用もできる。食材入れとしても使える大きさだ。

©LOGOS

### ロゴス LOGOS 兵式ハンゴウ

**たくさん炊きたいときに**

林間学校の雰囲気を思い出せる形状の4合炊き飯ごう。ソロキャンプには大きめなので、たくさん炊きたい人向け。

©キャプテンスタッグ株式会社

### キャプテンスタッグ 林間兵式ハンゴー

**安さ重視の飯ごう**

ロゴスの飯ごうと大差はないが、こちらの方が少し安い。お米はしっかり美味しく炊けたので安心して良いだろう。

©イワタニ・プリムス

### トランギア メスティン

**初心者にオススメの人気ギア**

昨今、特にポピュラーなキャンプギアで、インスタグラムやYoutubeで「メスティン料理」と検索すると、数多く投稿が見られる。非常に軽く、僕も最初の頃はよく使っていた。ちょっとしたものを焼くこともできる。こちらも用途が多様にあり、使わないときには食材や小物を入れておくことができる。使い勝手の良さが魅力だ。

### ユニフレーム キャンプ羽釜

**キャンプの雰囲気が一気におしゃれになる**

洗練されたデザインの3合炊き羽釜。1.8リットル入るので、鍋としても使用可。気合を入れて炊きたいときに。

**ブレイク！**

### 目分量でも失敗しないお米の炊き方

お米を炊くときにメモリなどはほとんど見ず、適当に炊いているが失敗したことはない僕から、炊飯時のプロセスと工夫しているポイントを紹介する。米の上に、指の第一関節くらいまで水を入れ、2～30分浸しておく。最初はできるだけ焚き火の火力が強いところに置き、沸騰させる。吹きこぼれる瞬間に、蓋の上に石などを置いて密封させてとろ火のところに移し、12、3分置いておく。その後、15分ほど蒸らす。これでほぼ確実に綺麗に炊けるので、試してみてほしい。

**タナの こだわり！**

**ふわっとさせたいならパンの耳はカット**

ホットサンドメーカーは、基本的に耳付きで焼けるものが多い。ただ、個人的には耳なしで焼くのが好みだ。よりふわっと出来上がるのでオススメしたい。

Hot sandwich maker

**オイゲン ホットサンドメーカー**

**蓄熱性抜群の南部鉄製ホットサンドメーカー**

南部鉄の鉄器を作り続けている岩手の「オイゲン」製品を代表する、このホットサンドメーカー。鋳物特有の蓄熱力を持ち、カリっと香ばしいホットサンドをお手軽に楽しめるという定評がある。焚き火の中に入れても大丈夫なくらいの頑丈さだ。

YouTubeへGo!

## マルチユースでキャンプの幅が広がる

# ホットサンドメーカー・バーナー

### 1つの器具で2つ以上の使い方をしてみよう

アウトドアでも手軽に作れるホットサンドは、キャンプ初心者には適した軽食。朝食としてもオススメだ。ホットサンドメーカーは、ホットサンド以外にも使える場合も多い。マルチユースは荷物を減らす1つの方法になるので、ホットサンドメーカーを持っていく場合は、使用の幅を広げることをオススメする。

選び方のポイントは、他のギアと同じ価格やデザイン性に加え、「挟むパーツの作り」がある。挟むところが2つに切り離せるタイプとそうでないタイプがあるため、洗いやすさや用途の幅に差が出るのだ。

さらにここでは、焚き火をしなくても手軽に調理ができるバーナーも2種類紹介する。これらのアイテムはカセットボンベが必要な分、本体の携帯性が非常に重要だ。キャンプでは耐風性も気になるところだが、基本的にアウトドア用に作られているものは風にも強い。キャンプスタイルによってはあると便利なアイテムたちなので、検討してみてほしい。

## テンマクデザイン マルチホットサンドイッチメーカーⅡ

### 「ほ」の焼き印に癒される

人気ブランドのテンマクデザイン製のホットサンドメーカー。 フタと深さの異なる2枚のフライパンがセットになっており、パンの厚みや具材のボリュームに応じて使い分けることができる。焦げ付きにくいフッ素加工済み。

©株式会社ヨシカワ

## ヨシカワ 焼き目がサクサク ホットサンドメーカー

### 焼き印がカフェっぽさを演出

カフェで出てきそうな斜線の焼き印が特徴的なヨシカワのホットサンドメーカー。セパレートできるタイプで、つながった状態で水平以上に開くことができる。外側にもダイヤ模様があるため、シングルバーナーの上に置いても滑りにくい。

## スノーピーク HOME＆CAMPバーナー

### 場所を取らずに調理できる

コンパクトでスタイリッシュなバーナー。ソロキャンプには少し大きいが、ボトル形になるので持ち運びは便利で、機能性も高い。

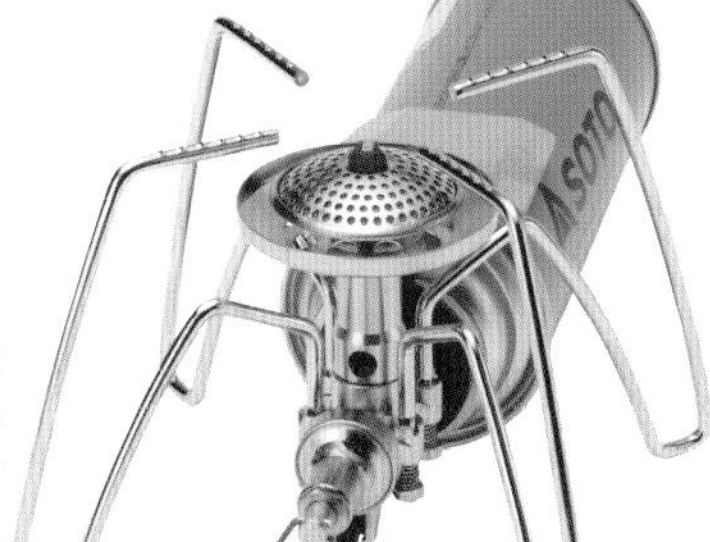

## ソト レギュレーター ストーブST-310

### 気温が低くても火力が落ちにくい

直径19㎝まで乗せられる。火力が落ちにくいため、朝や冬など外気温が低いときでも長時間高出力が可能だ。

### ブレイク！

#### フライパン代わりに使える

ホットサンドメーカーのセパレートできるタイプは、片側だけ使ってフライパンとしても使えるので、代用してもいいだろう。また、中面に仕切りがあるタイプもある。その場合は具材を2種類に分けて入れられるため、違った楽しみ方ができる。ガスバーナーで焼くときは、火を弱めにして焼くと中まで温かくなる。パンはすぐに火が通るので、焦げずに美味しく焼くコツを見つけてほしい。

## スノーピーク ホットサンドクッカー トラメジーノ

### 耳なしで焼くタイプ

他に比べて少し価格が高い。嚙合わせ部分にこだわりがあるようで、密閉性は高い。これもセパレートできるタイプだ。

**タナのこだわり！**

**身近に置いておくアイテムには特にこだわる**

キャンプで使わないことがないカップ類は、機能性だけでなく、肌触りや雰囲気にもこだわりたい。気分を高めてくれるモノを使うだけで、楽しさは大きく変わるはずだ。

**花梨＆古桜の木のマグカップ**（作家名『良岳』）

**手作りの質感が味わい深い**

僕がこだわって「良岳」さんに作っていただいている木製マグカップ。とても美しく、使っているだけで満足感を得られる逸品だ。

## 飲み物を冷たくキープ

# マグカップ・タンブラー・缶クーラー・シェラカップ

### 保冷力・保温力を重視 自宅用にもあると便利

コーヒーやお酒、ジュースを飲むときに使うマグカップやタンブラー。ペットボトルや缶のまま飲むよりも、キャンプの雰囲気を味わえて、飲み物が美味しく飲めるギアだ。

これらに関しては、新しく購入しなくても、自宅で使っているものを持っていって使うこともできるし、キャンプを機に購入して、後から自宅用にすることもできる。僕も自宅で使っているタンブラーがある。

マグカップやタンブラーを選ぶときには、デザイン性や素材に加え、保冷力・保温力を重視すると良い。アウトドアでは飲み物の温度の維持は難しいため、保冷力・保温力はキャンプの充実感にかなり影響する。これらについては比較動画を作っているので、詳細はそちらで確かめてほしい。

ここでは、保冷力・保温力ともに高いマグカップ・タンブラーを中心に、夏のキャンプで大活躍する缶クーラーとシェラカップも併せて紹介する。お気に入りの1品を見つけて、キャンプの時間をより楽しもう。

### TOKYO CRAFTS シェラカップ

**異なる特徴を持つこだわりの自信作**

TOKYO CRAFTSのシェラカップは、ステンレス、ブラック特殊加工、真鍮の3種類。お米も計量できる実用性と、インテリアやテーブルコーディネートにも◎なビジュアル。使い込むと味の出る真鍮、塗料・染料不使用で耐食性と耐候性を高めたブラック特殊加工、サビに強いステンレスと其々特徴がある。

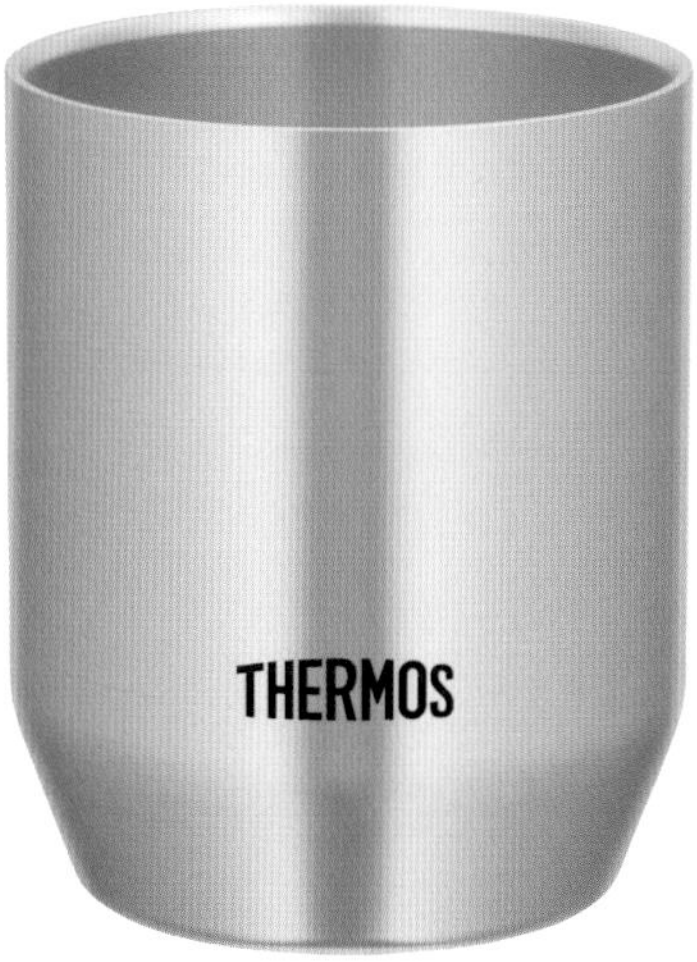


### サーモス 真空断熱カップ JDH−360

**安さ×高い断熱性**

容量は360mlで、保温力も保冷力も高水準。冷たいものを入れても結露しにくく、熱いものを入れても容器の外側が熱くならない優れた断熱性を持つので、何が入っているのかわからないほどだ。価格も比較的低く手に取りやすいので、ぜひ一つ持っておきたいアイテムだ。

**ブレイク！**

**アウトドアの場面をイメージして選ぶ**

マグカップやタンブラー、缶クーラー、シェラカップは、価格と保冷力のバランスを考えて選ぶのが基本となるが、ネオプレーン生地製の缶クーラーなど、持ち運びの柔軟性に重きを置いている製品もある。食卓に並ぶことを考えると、カラーバリエーションが豊富な方が自分の好みの雰囲気を演出できてオススメだ。また、キャンプでは、料理や食事の時間が長くなることが多い。お酒をはじめとする飲み物は、少し多めに持っていった方がいざというときに困らないだろう。

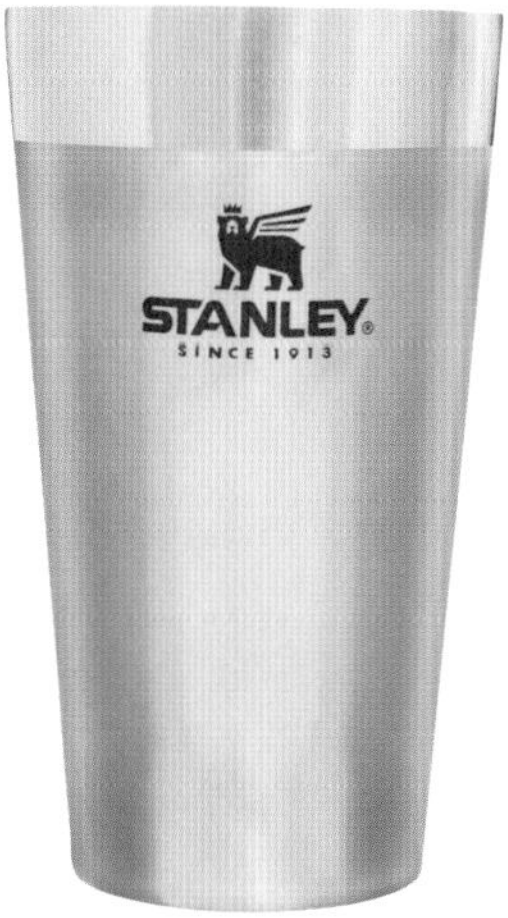


### スタンレー スタッキング真空パイント 0.47L

**飲み物を入れても氷が長時間残る**

容量が大きい470mlのタンブラー。カラーは複数から選べる。僕は自宅でもこのマグカップでアイスコーヒーを飲んでいる。夏の朝に容量一杯のコーヒーと氷を入れるのだが、16時や17時まで氷が残っていることが多く、高い保冷力を実感している。比較動画でも保冷力・保温力ともに高い結果となった。ステンレス製で丈夫な作りは安心感がある。

### イエティ<br>ランブラーコルスター

**随一の保冷力を持つ<br>スタイリッシュ<br>缶クーラー**

缶クーラーを比較した中では最も保冷力があったイエティ。他社製に比べて少し高く、重さもあるが、スタイリッシュなデザインだ。

©株式会社エイアンドエフ

### スノーピーク チタンダブルマグ 450

**二重チタンで保温性に優れる**

保温性が優れることに加え、取っ手が折りたためるため収納も便利だ。スノーピークらしいスタイリッシュなデザインも魅力。

**タナの**
**こだわり！**

### 盛り付け皿としても活用

ステーキなどを作ったときには、カッティングボード全体を盛り付け皿として生かす。木目の上に乗った肉や野菜が、より一層美味しく食べられてオススメだ。

### 自然な木目が雰囲気を引き立たせる

オリーブウッドの調理器具は、僕がとても気に入っているキャンプギアだ。自然な木目がアウトドアの雰囲気を引き立たせてくれるだけでなく、その多くが1点モノであり、自分だけの空間を作る喜びを感じられる。上の通り、写真映えもばっちりだ。

## 本格料理を彩るタナこだわりの品々

# オリーブの木の調理器具

### 慣れてきたら食器にもこだわってみる

まな板やすり鉢、皿、フォークやスプーンといった食器類は、自宅から持っていっても事足りる。最初のうちは、他のキャンプギアを揃えるのにお金がかかるため、極力今あるものでまかなうことをオススメしている。だが、キャンプ慣れしてきたら、こうしたところにちょっとしたこだわりを持ってみるのもいいだろう。調理や食事に使う器が違うだけで、キャンプ全体の風景や楽しさは大きく変わるものなのだ。

僕は、オリーブの木の調理器具にかなりこだわりを持っている。オリーブの木で作られたカッティングボードは、食材を切るだけでなく、盛り付けにもそのまま使えて、動画撮影時もよく使っている代物だ。美しい木日のデザインは森の中に自然になじみ、食材を引き立ててくれる。

ここでは、2種類のカッティングボードに加え、乳鉢とすりこぎ、トング、サラダサーバーを紹介していこう。

### ベラール オリーブウッド 乳鉢

**スパイスの調合に使用**

ベラール社の天然オリーブウッド使用乳鉢。僕はこれを使ってスパイスを調合している。すり鉢とすりこぎを使うケースが限られるが、写真映えもするので、とても気に入っている。
(現在は廃盤商品のため入手不可)

### アルテレニョ トング

**調理時の写真映え抜群**

木製のトングはあまり一般的には見ないため、使っているだけで特別感がある。先端がギザギザしているので滑りにくい。

### アルテレニョ ナチュラルカッティングボード

**樹齢200～300年のオリーブウッド使用**

イタリア・アルテレニョ社の製品は、樹齢200～300年のオリーブの木のみを使ったハンドメイド。このカッティングボード（まな板）は、全長約41㎝だが、もともとの木の形状を生かして作られているため、一つひとつ木目や色、細かい輪郭は異なる。一つとして同じものはないところもまた味になっている。

### アルテレニョ サラダサーバー

**優しい感触で料理を美味しく**

こちらもアルテレニョ製。口に触れるものだが、ときどき表面にオイルを塗って手入れをすることで、長く使うことができる。

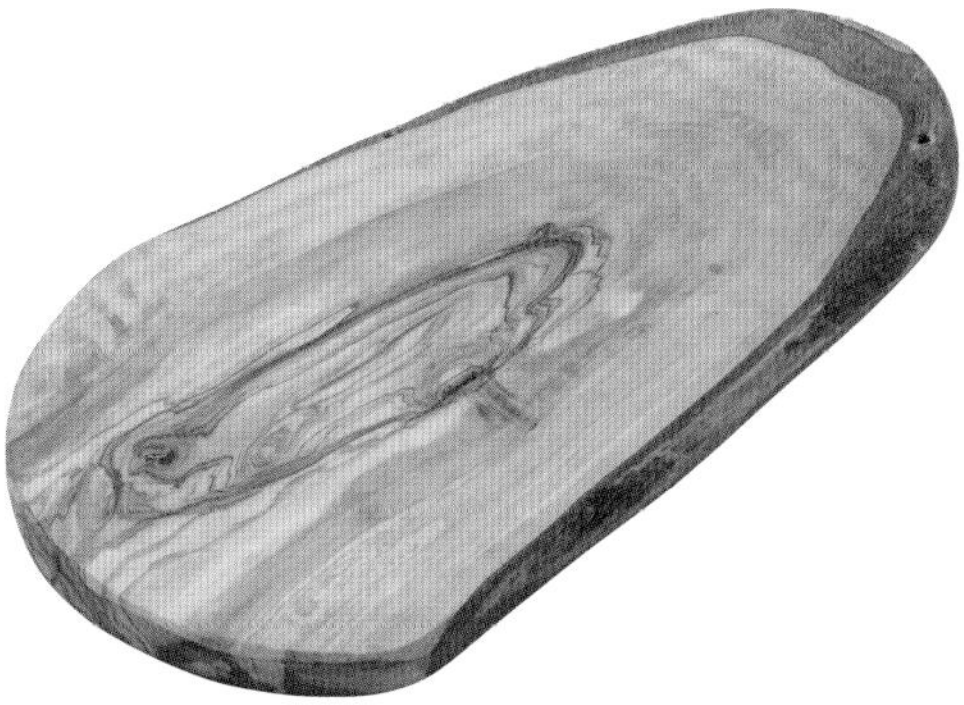

### アルテレニョ
### ルスティックカッティングボードスモール

**少し小ぶりなカッティングボード**

ナチュラルカッティングボードより小さめのサイズ。それほど大きなものを切らない場合は十分なサイズだ。

**ブレイク！**

### キャンプのモチベーションになる

オリーブの木の調理器具は、自然物ならではの優しい手触りと優しい風合いが最大の特徴だ。また、一つひとつがハンドメイドであることが多く、世界で唯一のアイテムになることも、持ち主の満足感を上げてくれる。僕はこの他にも、アンティークの木箱の中にスパイスやカトラリーを入れて使っている。こうした木製のアイテムは、耐久性に不安がある人もいるかもしれないが、少しずつ手入れをしていれば問題なく長く使える。愛着もわきやすく、キャンプのモチベーションもアップするだろう。

**タナの こだわり！**

**いろいろな種類を試してみよう**

コーヒードリッパーは過去に15種類の比較動画を作っているが、僕自身いろいろな種類を試して飲み比べている。多種多様なので、ぜひいろいろと試してみてほしい。

**発明工房 コーヒー豆焙煎器「煎り上手」**

**生豆を焚き火で焙煎**

動画にもよく登場する、コーヒー豆焙煎器。この中に生豆を入れて、焚き火の上で10〜15分揺らして豆を煎ることができる。焙煎の濃さなども自分で調節できるので、自家焙煎はオススメだ。比較的大きくかさばるものではあるが、アウトドアでより美味しく焙煎コーヒーを飲むためには妥協しないタナこだわりのポイントだ。

## 満ち足りたひとときを形づくる

# コーヒーグッズ

### リラックスタイムに欠かせないコーヒー

僕はコーヒーが大好きだ。自宅では大きいタンブラーに入れて毎日飲むし、キャンプでもほぼ毎回コーヒーを入れて楽しんでいる。もちろんインスタントではなく、キャンプに生豆を持っていって、焙煎から楽しんでいることもある。

ここでは、キャンプで使っているコーヒーグッズを紹介する。ちなみに、僕がいつも買っているコーヒー豆は、自家焙煎の「おひさま堂」（左ページ）のものだ。

焙煎器、コーヒーミル、コーヒードリッパー、コーヒーメジャーのどれも、コーヒー大好きでこだわりの強い僕がヘビーユーズしているもので本当にオススメだ。

ちなみに、僕はコーヒーを飲むとき、花梨&古桜の木でできた「良岳」さんのオーダーメイドマグカップを使っている（82ページ参照）。ククサ（北欧の木製マグカップ）でコーヒーを飲むと特に雰囲気が出るので、キャンプのリラックスタイムには欠かせないアイテムだ。

### ポーレックス
### コーヒーミル
### ミニ

**これがあれば**
**挽きたてコーヒーが**
**飲める**

持ち運びやすくアウトドアに向いたコーヒーミル。焙煎したコーヒー豆を入れ、蓋を閉めて取っ手を回すだけの簡単操作。内側のねじで挽きの粗さも調整できる。ポーレックス製は均一に豆を挽くことができ、納得のいく仕上がりになる。

### ハリオ ドリップポッド・ウッドネック用ろか器

**深みのある味を実現**

布製のコーヒードリッパー。ステンレスドリッパーと紙のフィルターの組み合わせは、コンパクトだが豆の油分などを吸って味がさっぱりしてしまうと感じ、こちらに変更した。手入れに手間はかかるが、味の深みが増すのでオススメだ。

### カリタ
### 銅メジャーカップ

**豆や粉末の計量に**

こちらもカリタの銅製アイテム。コーヒー豆や挽いた粉末を計量できる。使い込むほど味が出るのは銅製品の魅力だ。

### カリタ ウェーブドリッパー WDC-155

**高級感のある銅製ドリッパー**

僕が自宅で使っている銅製のドリッパー。紙のフィルターを使っても比較的美味しく淹れられる。

**ブレイク！**

**自家焙煎珈琲店「おひさま堂」**

僕がこだわって買っている「おひさま堂」のコーヒー豆。那須高原にある自家焙煎珈琲店で、27種類の生豆から選んで注文後に焙煎してくれる完全オーダー型だ（通販あり）。僕は4年以上、コーヒー豆はほぼここで買っている。おひさま堂の魅力は、豆の新鮮さにとことんこだわっていること、手間暇を惜しまず最高の品質を保っていること、1人ひとりに合わせた焙煎の3点だ。プロが熟練の目や鼻を生かしつつ、作り置きをしない生産をしている。煎りたてを楽しめるので、ぜひ一度試してみてほしい。

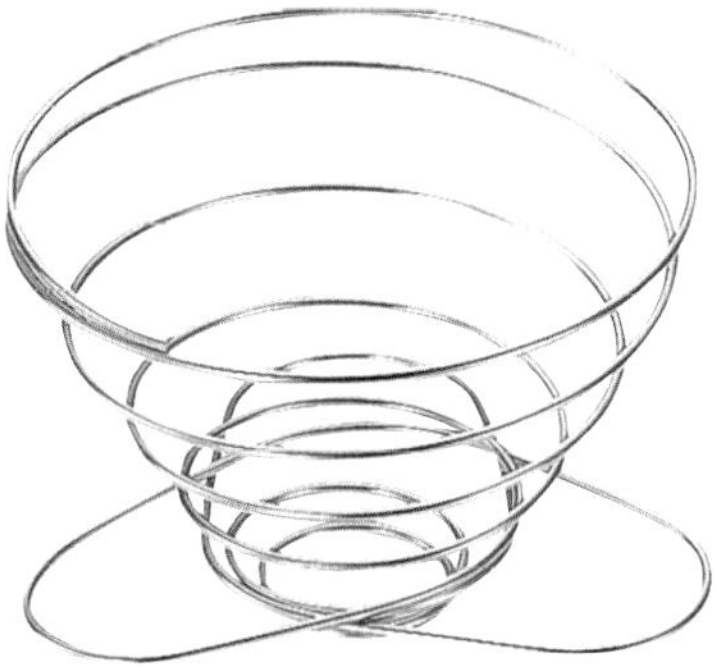

### ユニフレーム コーヒーバネット cute

**抜群の持ち運びやすさで人気**

使い方は、市販のフィルターと合わせるだけ。バネになっているので収納時は薄く平らになり、持ち運び用の袋も付いていて便利だ。

### タナのこだわり！

**ケトル選び2つの基準**

僕はケトルを選ぶとき、焚き火の中に置いたときの雰囲気と、トライポッドなどに引っ掛けやすいかどうかを基準にしている。

**イーグルプロダクツ キャンプファイヤーケトル**

**焚き火の中に置くと雰囲気もかっこいい**

僕が現役で使っているケトルだ。見た目が美しく機能性も抜群。ノルウェーのブッシュクラフトの知恵が詰まっている。口の形状が特徴的だ。持ち手が2つあるので、焚き火の上に引っ掛けるときも安定して使いやすい。価格は他のものより高いが、上部やサイドはステンレス、底は銅メッキになっていて熱伝導率が良いから、寒いところでもすぐにお湯が沸かせる。

## キャンプの始めから終わりまで大活躍

# ケトル

### リラックスタイムのお供に

ケトルでお湯を沸かしておくと、コーヒーをすぐに飲めたり、調理の時に役立ったりする。ケトルには主に縦長・寸胴・やかんの3タイプがあり、それぞれ向いている用途があるので注意しよう。

縦長タイプは、容量が大きく、側面に取っ手が付いていて注ぎやすい形が特徴だ。寸胴タイプは、クッカーにふたと口をつけた形で、お湯を沸かせるだけでなく、調理もできる汎用性の高いタイプである。やかんタイプは底面が広く、早くお湯が沸きやすい特徴がある。トライポッドなどにかけて熱することもできる。

代表的な素材は、ステンレス・アルミ・銅だ。ステンレスは汚れや錆びに強い。重く頑丈なのでガンガン焚き火で使用できる素材だ。アルミは熱伝導率が高く、値段は安いものが多いが、軽い分、へこみや歪みが出やすい。銅は熱伝導率が特に高く、早くお湯を沸かしたいときに適している。それぞれの特徴を踏まえて、適したものを選んでいこう。

©イワタニ・プリムス

**トランギア ケトル0.6L**

### トライポッドにさっとかけられる

初期の頃に買って使っていたもの。僕のはだいぶ汚れやススが付いているが、あえて磨いていない。使い込んでいくと風合いが出てきてより愛着がわいてくる。アルミ製で140gと軽く、トライポッドにもかけやすい。

**スノーピーク ケトルNo.1**

### 食材を入れて持ち運びも可能

クッカーとしても使えるシンプルなケトル。ふちは鋭角になっていて水切れが良い。中にシングルバーナーのOD缶や食材を入れて持ち運べるので、荷物をコンパクトにするという面でも役立つだろう。

**ブレイク！**

### 注ぎすぎやすさには大差なし

ケトルならではの選び方のポイントとしては、注ぎやすさや引っ掛けやすさなどが挙げられる。ただ、僕の感覚では、注ぎやすさについてはそれほど差を感じず、気にならない。一部、蓋を閉めていても注ぎ口以外の部分から漏れ出してしまうようなものもあるので注意する必要がある（詳しくは比較動画参照）が、それ以外はほとんど変わらない。むしろやはり、トライポッドなどに吊るせるかどうかの方を重視して選びたいところだ。

**ユニフレーム 山ケトル700**

### トングでも持ち運び可能

日本製で質感の良いアルミ製ケトル。取っ手がウェーブ状になっているので炭トングでも移動させやすく、引っ掛けやすい。

©イワタニ・プリムス

**プリムス ライテック・ケトル0.9**

### 安定感のある山岳ブランド製ケトル

比較動画で紹介したこのケトルは、注ぎ口の水切れが他社製に比べて非常に良い。キズが付きにくい加工にもなっている。

©キャプテンスタッグ株式会社

**キャプテンスタッグ キャンピングケットルクッカー 14cm 1.3L**

### 鍋とケトルの2WAY

取っ手の向きを変えるだけで鍋としても使える。トライポッドなどに吊り下げることができないので、置いて使うのが基本となる。

Cooler box

YouTubeへ
Go!

タナの
こだわり！

**ソロキャンプにはソフトクーラーが便利**

僕はコンパクト性をとても重視しているので、ソロキャンプではソフトクーラー一択だ。どこまで小さく折りたためるかは製品によって差があるので注意しよう。

**AOクーラーズ 12パックキャンバスソフトクーラー**

**圧倒的な持ち運びやすさ**

僕が夏のキャンプに毎回持っていくギアだ。この製品は他のソフトクーラーに比べても柔らかく折りたためるため、車の空いた隙間に差し込めて便利だ。保冷力も1泊程度なら問題なく、丈夫でデザインも気に入って使っている。6サイズ展開しており、12パックサイズなら350ml缶12本＋氷2.2kgを収納可能だ。

## 食べ物を守る夏キャンプの必需品

# クーラーボックス

### ソフトタイプとハードタイプ それぞれに利点

クーラーボックスは、夏のキャンプやアウトドアアクティビティには欠かせないアイテムだ。冷たい飲み物が飲めるのはもちろん、食材の鮮度も保つことができるので、快適なキャンプを楽しむためには必須のギアと言っても過言ではない。

だが、ソロキャンプにおいては、かさばる要因の一つになるので、容量やコンパクト性と保冷力のバランスを考えたうえで選ぼう。ここでは、ソフトタイプとハードタイプの2タイプ、6種類のクーラーボックスを紹介する。比較動画もアップしているので、それぞれ性能を考えたうえでチョイスしてほしい。

クーラーボックスの機能を最大限に生かす方法は、冷えたモノを冷えた状態で入れることだ。冷えていない缶飲料と氷を一緒に入れてしまうとあっという間に氷が解けてしまうので注意しよう。また、家庭で作った氷と市販の氷では保冷力に差がある（市販の方が保冷力が上）ため、うまく使い分ける必要があることも覚えておくと良い。

©株式会社エイアンドエフ

### イエティ ローディ24

**人気ブランドのハードクーラー**

イエティのハードクーラーはキャンパー人気が高い。継ぎ目なくホールドされており、耐衝撃性と耐久性に優れた頑丈なハードクーラー。２泊するときでも氷がそのまま残っているほど高い保冷力を持っている。

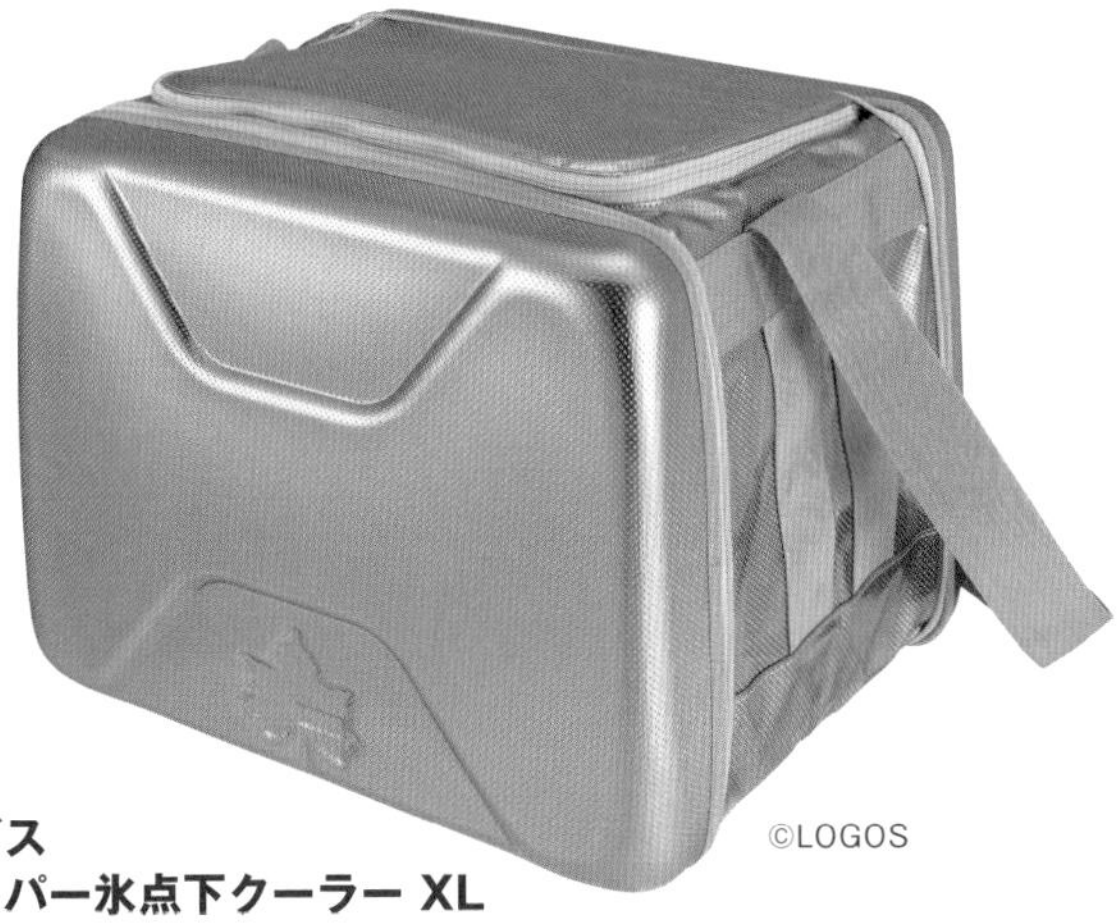

©LOGOS

### ロゴス
### ハイパー氷点下クーラー XL

**衝撃にも強いソフトクーラー**

AOクーラーズのものと違い、前面と後面はハードになっており、真ん中のソフト生地を縮めてジッパーを閉じることで収納サイズになる。Mサイズで12L収納でき、2Lペットボトルもスムーズに入る容量がある。

**ブレイク！**

**覚えておきたい氷の種類と特性**

氷には、一般家庭で作れるような小さな氷と、ブロック型の氷がある。小さな氷は、飲み物などを素早く冷やすのに便利だが、すぐ溶けてしまうため、長持ちはしない。一方で、ブロック型の氷はすぐには溶けず、長持ちするため、クーラーボックスに入れておくと中のものを冷やしてくれる。うまく組み合わせて効率的に使っていくと良い。また、氷が解けた後の冷水は捨てずにそのまま入れておくと、クーラーボックスの保冷性能が保たれるという。豆知識として知っておくと役立つだろう。

### スタンレー クーラーボックス 15.1L

**高い保冷力が魅力**

タンブラー同様、スタンレー製品の保冷力は非常に高い。小さめの6.6Lサイズもあり、ソロキャンパーには重宝する。

©コールマン ジャパン

### コールマン
### エクストリームアイスクーラー／25L

**安価で軽いソフトクーラー**

僕はAOクーラーズに出会う前、旧版を5年くらい使っていた。安価で軽く、持ち運び性も優れている。キャンプ道具を入れて運べる大きさだ。

### ダイワ クールラインα2

**釣り用のハードクーラー**

有名釣り具メーカーのダイワ製。キャンプ以上に保冷力が重要な釣りの場面を想定している分、品質は高い。

こっちも見てね！

タナちゃんねる【ソロキャンプ動画】

\ 【第4章】買ってよかったキャンプギア・食事編 /

# 4章のテーマをさらに深掘り!

**作った焚火台で雪中キャンプ【ブランド立ち上げました】**
**TOKYO CRAFTS - KUBERU**

TOKYO CRAFTS で開発した焚き火台「KUBERU」を使って雪中キャンプをした様子をまとめた。KUBERU の雰囲気や使い勝手の良さも伝わる動画になっている。

---

**おすすめ 11選 🔥【ファイアースターター比較 🔥】**
**人気 No.1 は！？火吹き棒 & 火起こし器ソロキャンプ道具紹介**
**camping bushcraft best firestarter**

ファイヤースターターと火吹き棒を合わせて 13 種類比較した動画。あらゆるメーカーのものを並べ、実際に麻に火をつけてみながら使用感をチェックしている。

---

**キャンプ ⛺ 焚火 BBQ【火ばさみ 8 種類比較 🔥】**
**キャンプ道具紹介 テオゴニア、ロゴス薪ばさみ**
**(bushcraft camp gear) おすすめ炭バサミ**

炭ばさみを 8 種類用意し、サイズや口コミの紹介に加え、実際に炭をつかんで運んでみることで、握りやすさ、開閉のしやすさなどをレビューした。

---

**【焚火アイテム 13種】焚火周り便利ギア 🔥**
**おすすめ人気キャンプ道具紹介 ⛺**

キャンパー取材をもとに人気ギア 13 種類。73ページのテオゴニアのトング、75ページのロゴスの焚き火シートを含め、斧やナイフ、トライポッド、ゴトクまで幅広く紹介した。

---

**ソト（SOTO）ステンレスダッチオーブン（8インチ）の開封＆質感。**
**ソロキャンプ料理や焚き火料理のマストアイテム。**
**camp gear japan stainless dach oven**

多様な調理に使える SOTO のダッチオーブンを紹介（77ページ）。開封からリフターの使い方までを解説。トライポッドにかけた様子も撮影している。

---

**人気 No.1🥪 ホットサンドメーカー7選 💡 おすすめ比較 🥐**

81ページの 3 種類も含む、人気の高いホットサンドメーカーを 7 種類集めた。実際に焼いて試しているため、焼き印のつき方や焼きやすさも確認できる。

---

**缶クーラーおすすめ 6 選 人気 No.1 は？**
**保冷力比較☃サーモス、イエティ、コールマンなど缶ホルダーで**
**キャンプ &BBQ、アウトドアを楽しもう！キャンプ道具紹介**

缶クーラーを 6 種類用意し、缶ビールをセットして 80分にわたって保冷力をチェックした。どのメーカーの缶クーラーが最も冷たさをキープしたかは動画で確かめてほしい。

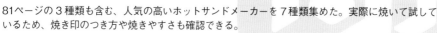

# 5
# 章

# 胃袋を満たす！
# おすすめキャンプ飯

この章では、タナがこれまでにつくってきた食欲をそそるキャンプ飯を一挙公開。こだわりのレシピやスパイスも紹介しているので、ぜひ実践してみてほしい。

**ソロでも大勢でも。キャンプと言えばステーキ**

アウトドアの雰囲気にぴったりのステーキ。普段は食べないような分厚い肉を調達し、豪快に焼く。非日常の機会を存分に味わうため、肉の選択はこだわってみることをオススメする。

## 食欲をそそるキャンプの定番

# ステーキ

タナのソロキャンプといえば「肉厚ステーキ」。自然の中で肉厚ステーキを焼くYouTube動画「【ソロキャンプ】夏の渓流野営」は、290万回以上再生された人気動画となっている（2021年6月時点）。レアっぽさを残して焼き上げるのがタナ流のこだわりだ。新鮮な野菜を焼いて、いろどりもプラスしよう。

**ポイント！**

**鉄のフライパンで焼くと美味しさ倍増**

基本的に、肉厚ステーキを焼くときは、ターク社の鉄フライパンを使っている。均等に効率良く火が通るので、焼きムラもできにくく、美味しいステーキができあがるのでオススメだ。非日常空間だからこそできるダイナミックな料理を存分に楽しもう。

**材料**

| | |
|---|---|
| 牛ステーキ | 1枚 |
| 牛脂 | 1個 |
| 塩 | 少々 |
| にんにく | 2片 |
| こしょう | 少々 |
| お好みの野菜 | 適量 |

## 1 下準備

肉の両面に塩こしょうを振ってなじませておく。焼く前に肉に切れ目を入れておくと火が通りやすい。

## 2 調理スタート

フライパンで油を熱し、にんにくを炒める。

## 3 肉を焼きはじめる

こまめに裏返しながらじっくり焼く。

## 4 空いているスペースも有効活用

フライパンの空いているところで付け合わせの野菜やきのこも焼く。いい焼き加減になったらカットし皿に盛り付ける。

焚き火料理を美味しくするコツ❶

ブレイク！

### お肉はこだわりを持って

キャンプ飯では、肉にこだわるだけで、一気にキャンプ料理のグレードがアップする。スーパーでパッケージされているようなものを買うのではなく、専門店で買う方が失敗しない。僕がよく使っているのは、「黒毛和牛の直売所バクロミート」だ。また、精肉店のあるスーパーや百貨店では、その場でカットしてくれるケースもあるので、活用すると良い。

### 鉄のフライパンで作る肉厚ステーキ

ステーキを焼くときに絶対的にオススメしたいのが鉄のフライパンだ。肉のうまみが引き出され、他のフライパンでは出ない美味しさが味わえる。炊いたごはんをフライパンに敷いてステーキ丼にするのも最高に美味しい。

**1羽丸ごとオリーブオイルで揚げる** フライパンや鍋から今にもこぼれそうな大きい丸鶏を、大胆にそのまま揚げていく。サバイバルの雰囲気が漂う、本格肉料理だ。揚げている間は、油をすくってかけながらしっかり染み込ませるのがポイントだ。

## キャンプならではの大胆肉料理

# 丸鶏のスパイス揚げ・豚肉のスパイス焼き

鶏を丸ごと一羽使う丸鶏のスパイス揚げ。ステーキに続くこの豪華さ、豪快さがタナ流のキャンプ飯だ。分厚い豚肉を手に入れて、スパイス焼きにするのも美味しい。タナが肉専用に開発したオリジナルスパイス「滾-TAGI-」は、より一層肉の美味しさを引き立ててくれる。調理法はシンプルなので、ぜひ実践してみてほしい。

**ポイント！**

**お肉の旨味で野菜も美味しく**

肉と一緒に付け合わせの野菜を焼くことで、肉の旨味が野菜にも染み込む。より美味しく食べるために、大きめの鉄フライパンなどで調理してみよう。

**丸鶏のスパイス揚げ／材料**

鶏 ………………………… 一羽
オリーブ油 ………………………… 60ml
オリジナルスパイス「滾 -TAGI-」
（お好みのスパイスと塩でも可）
お好みの野菜 ………………………… 適量
オリーブ油（揚げ油）……… 2カップ

**豚肉のスパイス焼き／材料**

豚肉 ………………………… 1枚
オリーブ油 ………………………… 60ml
オリジナルスパイス「滾 -TAGI-」
（お好みのスパイスと塩でも可）
お好みの野菜 ………………………… 適量

### 豚肉のスパイス焼き

豚肉にスパイスをつけて焼く。付け合わせ野菜はもちろん、肉を焼いたフライパンでパスタなどを作って合わせても美味しい。

### スパイスとオリーブオイルを合わせて塗る

スパイスのオススメは、TOKYO CRAFTSで開発した「滾-TAGI-」（次ページで紹介）。お好みのスパイスを調合しても良い。付け合わせにはやはりいろどり野菜を。

### スパイスはたっぷりと

スパイスは肉の両面にたっぷりまんべんなくまぶしておく。熱したフライパンでにんにくを炒めた後、肉を焼き始めよう。使うスパイスはTOKYO CRAFTSの「滾-TAGI-」（次ページで紹介）がオススメだ。

焚き火料理を
美味しくするコツ❷

ブレイク！

## 付け合わせはいろどりを考えて

付け合わせに選ぶのは、いろどりの良い野菜の方が見た目も映える。僕は赤や黄色のパプリカ、ブロッコリー、ズッキーニなどを使うことが多い。玉ねぎやきのこもお肉に合うのでオススメだ。メインディッシュの肉はなるべくいいものを買うようにしているが、野菜やきのこ、また、その他軽食の食材などは、わざわざ高いものを買わなくても十分楽しめる。

YouTubeへ
Go!

## 素材の味を引き立てる名脇役

# スパイス・調味料

料理の引き立て役としてタナが欠かさず活用している各種スパイス。素材の味を生かして調理ができ、ハーブ系など、香りが良いスパイスは料理の気分も上げてくれる。僕は好みのスパイスをその日の気分によって調合することにしている。毎回違うオリジナルスパイスを調合するのもキャンプの楽しみの一つだ。

**朝岡スパイス　タナ愛用の本格スパイス**

スパイスや調味料は、市販のものをそのまま使ってもいいが、自分で調合するとより香り高くなり、味わいも増す。僕は朝岡スパイスのブラックペッパーやレッドペッパー、ミックスハーブを愛用し、いくつか組み合わせて使っている。

**TOKYO CRAFTSオリジナルスパイス**

**「滾 -TAGI-」「沁 -SHIM-」**

TOKYO CRAFTSでは、肉専用のスパイス「滾-TAGI-」と、和風スパイス「沁-SHIM-」の2種類を開発。肉を焼く前にまぶしても、焼いた後につけても美味しくなる。フライドポテトなど、肉以外の料理にもぴったり合う。

**シンプルな塩こしょうでも十分**

高価なスパイスを使わなくても、一般的なブラックペッパーやあらじおなど、粒になっているスパイスを持っていき、つぶすだけでも、十分美味しくなる。手間をかけたくない場合にやってみよう。

**ヤママルしょうゆ
赤丸**

**福岡産の濃口醤油**

僕は普段からこれ以外は使っていないくらいこだわりのあるしょうゆだ。福岡にあるヤママルしょうゆから出されており、コクのあるまろやかな逸品。このしょうゆで作るコーラ煮やすき焼きは最高だ。

**かの蜂 アルゼンチン産ピュアハニー500g**

**ナッツやシナモンティーに**

僕は昔からはちみつが大好きで、キャンプではナッツにかけたり、シナモンティーに入れたりして、いろいろな種類を食べ比べてきた。これはアルゼンチン産のはちみつで、濃厚な味が楽しめる。

焚き火料理を
美味しくするコツ❸

**ブレイク！**

**地元食材を有効活用しよう**

肉については、こだわりを持って事前に用意しておくことをオススメするが、その他の食材については、当日キャンプ場に向かう途中に、キャンプ場近くのスーパーや道の駅などで調達するのがいいだろう。キャンプ場は郊外や田舎にあることが多いので、その近くには、地元の野菜や名物が売られていることが多い。その地域ならではの食材を使って料理をするのも、キャンプの醍醐味のひとつではないだろうか。

**調合した調味料で香り漂う**

各種の朝岡スパイスをその場ですりつぶし、さらにみじん切りにしたにんにくとオリーブオイルを混ぜ合わせて丸鶏に塗ったもの。自然の中で香りも味わいながら調理できる。

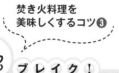

**じっくり煮込んだバターチキンカレー**　バターチキンカレーは、火力に注意しながらじっくり煮込むのがポイント。鶏肉は食べやすい大きさにカットして、塩・ターメリック・ヨーグルトを混ぜ合わせたものに漬けこんで下準備すると美味しくなる。

## フライパンでも鍋でも

# チキンカレー・すき焼き

チキンカレーのこだわりは、オリジナルのスパイスを調合することと、チキンをしっかり漬け置きして味を染み込ませることだ。すき焼きは、昆布だしを取るところから。時間があれば、こういった下準備に手間をかけて、本格料理にチャレンジしてみよう。

### チキンカレー／材料

| | |
|---|---|
| 鶏肉 | 450g |
| 塩（漬け込み用） | ふたつまみ |
| ターメリック | 小さじ 1/2 |
| プレーンヨーグルト（無糖） | 100g |
| バター | 40g |
| 玉ねぎ（みじん切り） | 中 1/2 個 |
| にんにく | 2片 |
| しょうが | 1片 |
| トマト（水煮缶詰でも可） | 4個 |
| 塩 | 小さじ 1/2 |
| 砂糖 | 小さじ 2 |
| 生クリーム | 100ml |
| パセリ（盛り付け用） | 少々 |

### スパイス／材料

| | |
|---|---|
| クミン | 小さじ 1 |
| ターメリック | 小さじ 1/2 |
| コリアンダー | 小さじ 1 |
| ガラムマサラ | 小さじ 1 |
| パプリカ | 小さじ 2 |
| レッドペッパー | 小さじ 1/4 |
| 黒こしょう | 少々 |
| 花椒 | 適量 |
| 鷹の爪 | 適量 |

### すき焼き／材料

| | |
|---|---|
| 牛（すき焼き用） | 200g |
| 白菜 | 適量 |
| 木綿豆腐 | 適量 |
| えのき | 適量 |
| 椎茸 | 適量 |
| 水 | 2カップ |
| 醤油 | 大さじ 2 ※お好みで調整 |
| 砂糖 | 大さじ 1 ～ 2 ※お好みで調整 |
| 昆布だし | 10cm × 2本 |
| 牛脂 | 適量 |
| 卵 | 2個 |

**生クリームを加えて煮込む**

炒めた玉ねぎ・にんにく・ショウガとスパイスの中に、ざく切りにしたトマトを加え、漬け込んだ鶏肉を漬け汁ごと入れ、塩と砂糖も加える。焦げないようにまぜながら鶏肉に火が通るまで煮て、生クリームを加えてさらに煮込んだら、ごはんまたはナンに合わせて盛り付ける。

**寒い冬にもぴったりのすき焼き**

冬のキャンプで体を温めてくれるすき焼き。牛脂を溶かし、肉をさっと焼いてから、野菜やキノコを並べ入れるだけで手間がかからないのも魅力。肉を焼く前に、木綿豆腐の表面を焼いておくようにしよう。

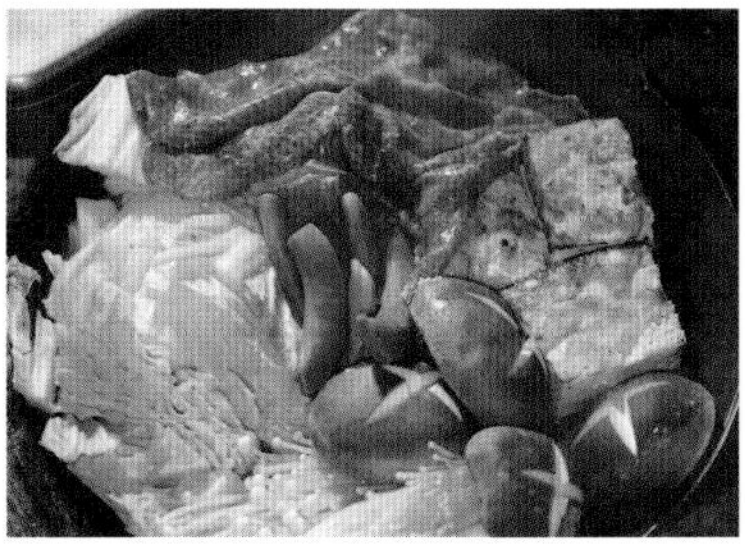

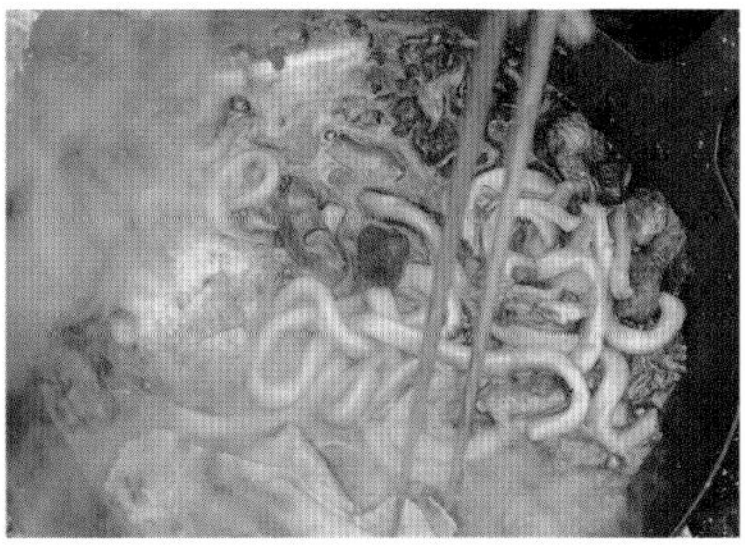

**翌朝は焼うどんにも**

砂糖、しょうゆと昆布だしを加えて火が通るまで煮たら完成。食べ残った具材は、翌朝うどんと合わせてすき焼きうどんにしても美味しい。

焚き火料理を
美味しくするコツ❹

ブレイク！

### カップ麺でも美味しいアウトドア

現代の人間は、野外でごはんを食べる機会はほとんどない。その分、キャンプで食べるごはんは非日常を感じられ、何を食べても美味しく感じるものだ。それこそ、コンビニのカップ麺でも格別である。その一方で、日常ではなかなか作らないような大掛かりな料理を作ることも、キャンプの楽しみの一つとなる。僕の場合、料理がほとんどキャンプのメインといっても過言ではなくなっており、最も楽しくこだわりのある時間だ。

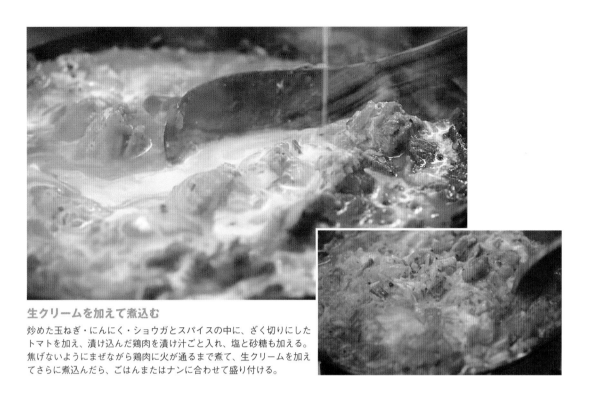

**大きめの海鮮食材を使った本格スペイン料理** エビやあさり、イカなどをふんだんに使ったパエリア。鉄のフライパンを使えば、キャンプでも存分に楽しめる。いろどりも鮮やかだ。

## 海鮮の風味がたまらない

# パエリア

フライパン上でそのまま盛り付け、そのまま食べられるパエリア。見ての通り、写真映えはばっちりの一品だ。エビ・あさり・イカなどの下準備には手間がかかるが、その分風味が出て美味しくなる。キャンプでの調理に慣れてきたら、自分なりのアレンジも加えてみよう。

**ポイント！**

**少ない洗い物で手間を省く**

パエリアは、フライパンのまま食べられるので、洗い物も少なくできる。キャンプでは、このようなちょっとした省略や時短のノウハウが役に立つ。

**材料**

| | | | |
|---|---|---|---|
| 米 | 1合半 | トマト缶（ホール） | 1/2カップ（100g） |
| 有頭エビ | 5尾（200g） | あさり | 15～16個（100g） |
| イカ | 小1杯（100g） | 水 | 300ml |
| 白身魚（切り身） | 小1切れ（100g） | 塩 | 小さじ1/2 |
| 玉ねぎ | 40g | サフラン | 10本 |
| にんじん | 20g | レモン、イタリアンパセリ | お好みの量 |
| セロリ | 20g | 種抜き黒オリーブ | 6個 |
| にんにく | 2片 | | |

## 1 下準備

お米を水につけて置いておく、あさりの砂抜きをしておく、有頭エビの足を切り落とし、イカはワタを取り出しておく。

## 2 野菜を炒める

玉ねぎ、ニンジン、セロリ、にんにくなどをみじん切りにし、熱したフライパンで炒める。その後イカを加えてさらに炒める。

## 3 海鮮食材に火を通す

野菜を取り出し、同じフライパンでエビとあさりに火を通す。火が通ったらエビは取り出し、野菜を加え、あさりは口が開いたら取り出す。その後、トマトをつぶし入れて煮る。

## 4 仕上げは特に丁寧に

サフランと水、塩を入れたら、米を加えてアルミホイルで包む。煮えてきたらエビとアサリを加えてさらに煮詰め、レモンやパセリを盛り付ける。

焚き火料理を
美味しくするコツ❺

ブレイク！

### アルミホイルを有効に使おう

蓋のないフライパンでパエリアのような蒸し料理をする際に、アルミホイルを使うことがある。熱を中に閉じ込めてくれるアルミホイルは、蒸す以外の場面でも重宝する。例えば、何品か作りたいというときには、1品作ったあとにアルミホイルで包んでおくだけで、だいぶ保温力が増す。ただし、真冬だとアルミホイルを使ってもあっという間に冷えてしまうので段取りに注意しよう。

**蒸すときに役立つアルミホイル**

パエリアはお米を使う料理のため、最後にしっかり保温して弱火で蒸す必要がある。焚き火の上なら、アルミホイルをかけたフライパンでさえもおしゃれになる。

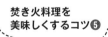

**豪快にフライパンでもコンパクトにメスティンでも**

ベーコンと目玉焼きを合わせて焼くだけのジブリ飯。キャンプならではの感覚が味わえてより美味しく感じられる。フライパンでもメスティンでも簡単に作れるので、さっと済ませたい朝食にぴったりだ。

## 手間なく作れて朝にぴったり

# ジブリ飯・ミートソースパスタ

ジブリ飯とは、ジブリ映画で描かれるごはんのこと。僕が好んで作るのは、某映画で出てくる「ベーコンエッグ」だ。シンプルで簡単、ベーコンを厚切りにするとメイン料理にもなるなど、応用も可能だ。ミートソースは、パスタだけではなく、ハンバーグのソースやポテトのディップソースとしても◎。

### ジブリ飯／材料

| | |
|---|---|
| ベーコン | 2～3枚 |
| 卵 | 3個 |
| サラダ油 | 適量 |
| 塩、しょうゆ、こしょう | 適量 |
| クレソン（盛り付け用） | 適量 |

### ミートソースパスタ／材料

| | |
|---|---|
| ひき肉 | 250～300 g |
| ペンネ | 70 g |
| 玉ねぎ | 1～2個 |
| にんじん | 1個 |
| トマト缶 | 1/2 カップ（100g） |
| トマト | 1個 |
| マッシュルーム | 適量 |
| にんにく | 1片 |
| オリーブ油 | 小さじ2 |
| 塩、こしょう、しょうゆ | お好みで |
| ジャガイモ | 適量 |
| バジル（盛り付け用） | 適量 |

### しょうゆをかけるだけでごちそうに

シンプルなメニューだが、アウトドアで食べる分、満足感は上がる。ベーコンの代わりにウインナーやハムを使ってもいいだろう。しょうゆはもちろん、赤丸しょうゆがベストだ。

### ソースから作るミートソースパスタ

玉ねぎ・にんじん・挽き肉とトマトソースを合わせたミートソースから作るパスタ。意外と簡単に作れるので大がかりな料理ができないときにはオススメだ。出来合いのミートソースを持参するとさらに手間が省ける。

### 焚き火で煮詰めるソース

ジャガイモを焚き火で蒸かしつつ、ミートソースの食材を煮詰めていく。パスタは鍋がなくてもキャンティーンなどで茹でてもOK。あるものをうまく使って作ろう。

焚き火料理を美味しくするコツ❻

ブレイク！

### ある程度燃えた薪を使う

焚き火料理をする上で、火力の調整は非常に重要だ。僕は料理にこだわっている分、火力の強弱調整には長けており、よく友人やキャンプ仲間にそのコツを聞かれる。まず大切なのは薪の組み方だ。太い薪と細い薪を組み合わせて置いておくことで、火が着きやすくなる。もう一つのポイントとしては、料理をするときはある程度燃え切った状態の薪を使うことだ。こうすると、火力の安定につながる。白宅のコンロと違い、アウトドアでは火力を安定させることに意識を注ぐ必要があるのだ。

**これぞ日本の朝ごはん** ごはんにみそ汁、卵焼きと大根おろし、そして明太子を並べた、安心感のある日本の朝ごはん。朝、海を見ながらいただく和食は最高だ。僕は福岡出身なので明太子はもちろん「かねふく」である。

## 日本の朝ごはんをキャンプで実現

# 和食

家で作れば何ということもないメニューでも、外の景色を感じながら食べる和食は格別だ。出汁や、大根おろし、卵焼きなど、付け合わせにもとことんこだわるのがタナ流。そのためには、段取りが不可欠だ。キャンプだからこそ、手間ひまをかけて作る。ゆったりと流れる時間を、ぜいたくに味わおう。

**ポイント！**

**付け合わせは別メニューでも◎**

みそ汁の具や付け合わせは他のメニューに変えてももちろんOKだ。卵焼きを目玉焼きに変えるだけでも作業工数が減って楽になるし、漬物や魚などを組み合わせても美味しくなる。

**材料**

| | |
|---|---|
| お米 | 1合 |
| 水（ごはん用） | 216ml |
| 卵 | 4～5個 |
| 大根（おろし用） | 適量 |
| 水（みそ汁用） | 600ml |
| いりこ出汁 | 適量 |
| みそ | 適量 |
| サラダ油（卵焼き用） | 適量 |
| 明太子（かねふく） | 適量 |

## 1 出汁と同時進行で炊飯

みそ汁の出汁を取ると同時に、ごはんも火にセットしておく。吹きこぼれて蓋が取れないよう、石を置いて密封している。

## 2 大根をすりおろす

火にかけた鍋とメスティンを気にかけながら、玉子焼きに合わせる大根おろしを作る。

## 3 卵焼き器で卵焼き

次は卵焼きだ。中村銅器製作所の銅製卵焼き鍋は、いっさいこびりつかず最高の仕上がりになった。

## 4 みそ汁を仕上げる

出汁を取ったみそ汁に豆腐を入れ、みそを溶く。最後に明太子を添えて和食朝ごはんの完成だ。

焚き火料理を
美味しくするコツ❼

ブレイク！

### 焚き火の炎は止められない

火力とともに焚き火料理で最も大事だと言えるのが「段取り」だ。複数の品を作るときは、段取りを意識しないと、せっかく作った料理が冷めてしまったりする。ソロキャンプでは小さめの焚き火台を使うことが多いので、火にかけられる調理器具は1つか、せいぜい2つ。どの料理のどの工程に時間がかかるのか、頭の中でシミュレーションしておこう。例えば、肉を焼き始めるときには野菜は切り終わって手が届く場所に置いてあるか、随時追加できるように近くに薪を用意してあるか、などは要チェックだ。

**いりこ出汁**

みそ汁はいりこで出汁を取っている。こういった部分からこだわるのが僕のポリシーだ。

**肉料理の付け合わせにもぴったり** 皮付きのじゃがいもをカットして油で揚げるだけ。冷凍のポテトを持っていって揚げても良い。

## お酒のおつまみや軽食に

# フライドポテト・焼き鳥

おつまみには既製品を持っていってもいいが、お酒に合わせてその場の気分で作るのもキャンプの醍醐味の一つだ。特にフライドポテトや焼き鳥は簡単に作れるのでオススメだ。僕はポテト用に、オリジナルスパイスを調合することもある。また、焼き鳥と一緒に、えのきやレタスの豚バラ巻きなどを作っても良いだろう。

**ポイント！**

**時短料理でよりキャンプの雰囲気を味わう**

凝った料理を作るのも楽しさの一つだが、調理に時間がかからないメニューにすれば、自然を感じながらお酒を飲むなどの時間をたっぷり味わえる。自由に決めて楽しもう。

**フライドポテト／材料**

ジャガイモ ………… 3〜5個
サラダ油（揚げ油） ………… 200ml
塩 ………… 適量

**焼き鳥／材料**

鶏肉（もも・とり皮・砂ずり・ささみなどお好みで） ………… 各100g
豚バラ ………… 100g
えのき ………… 適量
キャベツ ………… 適量
ネギ ………… 1本
塩 ………… 少々
こしょう ………… 少々

**ポテト用スパイス**

スパイスとアンチョビを細かく刻んで合わせると最高のポテト調味料になる。

**焼くだけの簡単おつまみ**

焼き鳥は塩こしょうを振って焼くだけ。バーベキューのように、お酒を飲みながら食べたいときに焼いて、その都度できたてを食べるのがオススメだ。

焚き火料理を
美味しくするコツ❽

ブレイク！

## 料理は一気に揃えなくてもOK

前のページで、焚き火料理には段取りが重要だと述べた。しかし、必ずしも毎回すべての料理をスムーズな段取りで一気に完成させる必要はない。1品ずつ、作っては食べ、作っては食べ、というのができるのも、ソロキャンプのいいところだからだ。キャンプにおいて食事はほとんどメインの時間といっても過言ではない。食事の時間をかっちり決めすぎず、ゆったり気分でお酒を飲んだり、お肉を焼いたりするだけでも楽しい。初心者は特に、料理にプレッシャーを感じず、キャンプの雰囲気を存分に味わってほしい。

**串にさして準備完了**

いろいろな部位の鶏肉をカットし、串刺しに。メインの食事をする前でも後でも、サクッと作って食べられるのが魅力だ。

YouTubeへ
Go!

## リラックスタイムを快適にする

# コーヒー・ハーブティー・シナモンティー

ソロキャンプでのティータイムは至福のとき。僕はコーヒー豆やアイテムに強くこだわり、その時間を最高のリラックスタイムにできるよう工夫している。カップは、木のぬくもりのある素材が好きでいつも使っている。特にククサ木製カップは何度も動画で登場しているお気に入りの品だ。その他のこだわりアイテムは86ページでも紹介しているので見てみてほしい。

**焙煎したコーヒー**　僕はキャンプに行くとほぼ毎回コーヒーを飲む。キャンプ場についてすぐお湯をわかし、自然に触れながら一服する瞬間は最高のリラックスタイムだ。

## 淹れるプロセスを楽しむ

こだわりのコーヒー豆、こだわりのコーヒーグッズで焙煎する。コーヒーは、飲むだけではなく、このプロセス自体が楽しみな時間だ。

焚き火料理を
美味しくするコツ⑨

### ブレイク！

### 火力をアップさせるタイミングとは？

火力の調整には、いくつかのコツがある。「火吹き棒を使う」「薪を高く積む」などの方法をとれば、効果的に火力を上げていくことができるので覚えておこう。また、もっと大事なことは、料理のどのタイミングで火力を上げ下げすればいいのかを知っておくことだ。例えば、ごはんを炊くときには最初に一気に火力を上げて沸騰させ、その後弱火で蒸らしていく必要がある。火力調整の最適なタイミングを知って、より美味しいキャンプ飯を楽しもう。

## ハーブティー

ときどき気分を変えて、コーヒー以外を飲むこともある。ハーブティーの茶葉は風に飛ばされやすいので注意しよう（笑）。

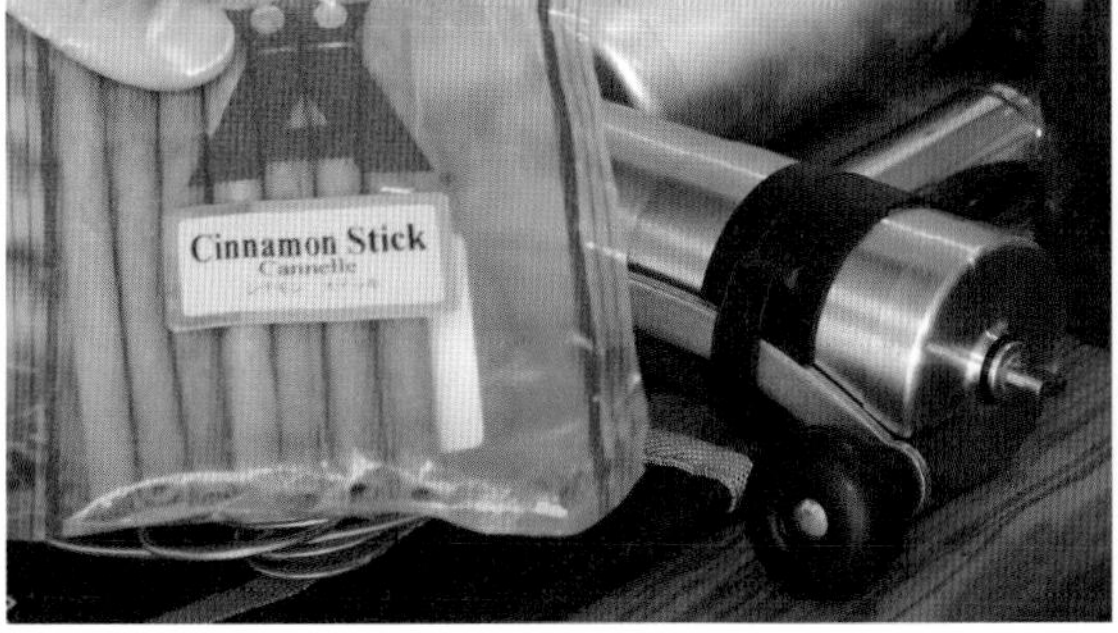

## はちみつ入りシナモンティー

手軽に作れるこのシナモンティー。シナモンを折ってお湯に入れて沸かすだけだ。さらにはちみつを投入すると甘みも増して美味しくなる。

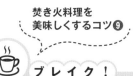

**チョコとマシュマロをビスケットで挟んだスモア**
焚き火やバーベキューでマシュマロを焼くのは定番の人気メニューだ。スモアはさらにチョコレートを溶かし、それをビスケットで挟んで食べる。アメリカやカナダの伝統的なスイーツだ。

## 焚き火を生かしたおやつ料理

# スモア・はちみつナッツ・ぜんざい

コーヒーや紅茶に合わせて、簡単なデザートを作ると、よりティータイムの華やかさが増す。焚き火で作るスモアやぜんざいは、食後のデザートにもぴったりだ。はちみつナッツはこの中でも特に手間と時間いらずのメニュー。僕ははちみつにこだわっていて、99ページで紹介したものも含め、何種類か食べ比べながら選んでいる。

**スモア／材料**

マシュマロ……100g
チョコレート……50g
ビスケット……8～10枚

**はちみつナッツ／材料**

ミックスナッツ……50g
はちみつ……大さじ1

**ぜんざい／材料**

乾燥小豆……100g
水（小豆茹で用）……適量
砂糖……80g
はちみつ……適量
塩……ひとつまみ白玉
粉……25g
そば粉……25g
水……40ml
水（白玉茹で用）……適量

### ぜいたくなおやつタイム

フライパンや鉄板にマシュマロとチョコレートをのせて、上からアルミホイルをかけて熱する。マシュマロの外側が適度にパリッとするくらいが食べごろ。

### 10秒で完成する はちみつナッツ

特に火は使わず、ミックスナッツにはちみつをかけるだけ。手間いらずだがぜいたくさも感じられるおやつだ。

### 小豆を炊いて作る ぜんざい

小豆を炊くところからぜんざいを作った。時間はかかるが、ゆでた白玉と合わせ、緑茶やコーヒーなどと一緒に食べるととても美味しい。

焚き火料理を美味しくするコツ⑩

ブレイク！

### 薪を入れっぱなしで放置しない

焚き火料理では、火力の調整は一瞬でできることではない。調理中も細かく火の様子を観察していると、火が弱まったり強まったりする兆候を感じることができる。また、火力を安定させるためには、薪を入れたまま放置していてはいけない。僕はフライパンでステーキを焼いているときにも、その下で燃えている薪をこまめに動かすようにしている。長時間の加熱が必要なステーキやパエリアなどでは、そういった部分に注意することで、ワンランク上の美味しさを楽しむことができるだろう。

YouTubeへ
Go!

## いざというときの備えに

# アウトドア非常食

非常食の多くは、野外で食べることを想定されている。電気やガスがなくても食べられるように、パッケージを開けてそのまま食べられたり、水を入れるだけで食べられるなど手間がかからないものばかりだ。キャンプでも、非常用として持っておくと、時間がないときにも十分な食事ができるだろう。

**尾西食品 尾西のごはんシリーズ**　**水だけで食べられるお米メニュー**

水を入れて60分置いておくだけで食べられる「アルファ米」シリーズ。お湯であれば水の半分くらいの時間で完成する。いざというときにもお米を食べたいという場合はとても重宝する。ソロキャンプでは、無人島に行くときなどに非常用として持っておくと心強い。自宅で料理が面倒なときに食べても普通に美味しい。

## パタゴニア プロビジョンズ EUオーガニック・ムール貝

### 高級感のあるムール貝のオリーブオイル漬け

パタゴニア プロビジョンズから出ている缶詰。スモーク、ソフリット、レモンハーブの3種の味がある。パッケージのデザインも洗練されており、高級感があって味も非常にレベルが高い。非常食にとどまらず、ワインに合わせたり、パスタに和えたり、食材としても使いがいがある。

## アメリカ軍 戦闘食料MRE レーション

### 米軍のミリタリー非常食

アメリカ軍が戦地に行ったときに食べる戦闘食料。ナッツ、パン、チーズ、ジュースなど、さまざまな食材やウェットティッシュなどが1つのパックになっている。水を入れておくだけで温まるヒートパック付きで、付属の肉を温めて食べることができる。

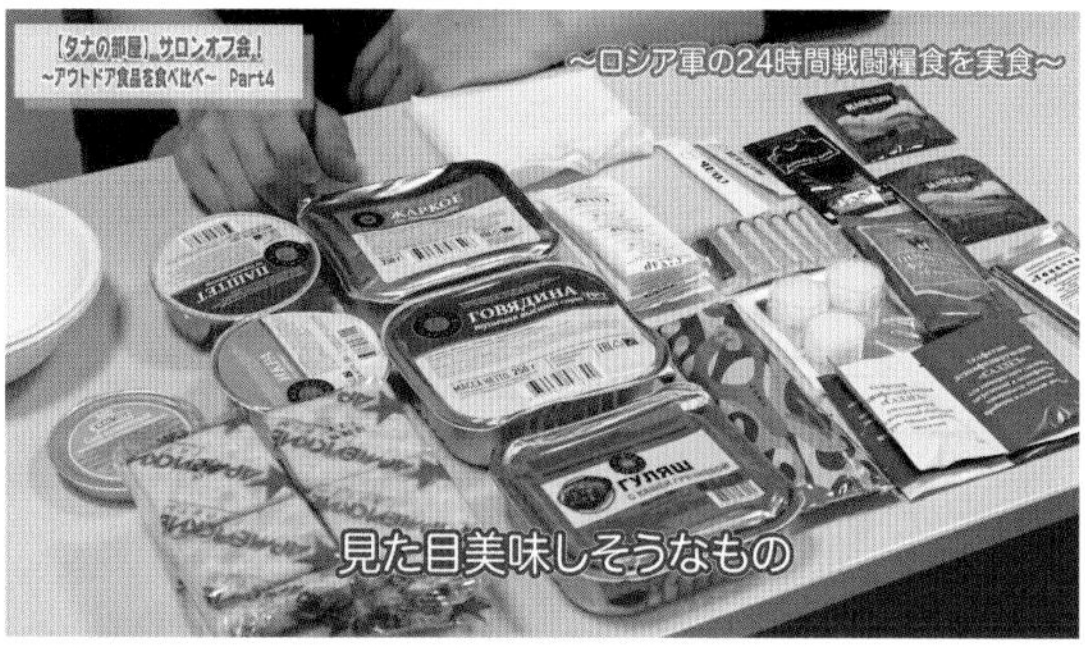


## ロシア軍 24時間戦闘糧食

### 1日3食分が1パックに

ロシア軍の24時間戦闘糧食（デイリーパック）で、3食分が1つのパッケージに入っている。クラッカー、メイン食材×3や調味料に加え、固形燃料やマッチ、スプーンも付属されている。

## 新食缶ベーカリー 缶入りソフトパン

### 缶詰に入った筒状のパン

缶を開けると筒状のパンが出てくる。もちろん温めたりジャムを塗ったりしても美味しいが、缶の中で熟成・発酵・焼成を行なっており、そのまま食べても美味しい非常食だ。日常の食事でもキャンプでも、コーヒーと一緒にとると合うだろう。

（画像上段は3年保存、下段は5年保存）

焚き火料理を
美味しくするコツ⑪

ブレイク！

### 高クオリティの非常食もたくさんある

普段、非常食をキャンプで食べることはほぼないが、いざというときの備えとして置いておくのはありだ。非常食のクオリティは昔と比べとても上がっている。僕が主催するオンラインサロンのオフ会でアウトドア非常食の食べ比べを行ったところ、日常の食事でも食べたいと思えるような高いクオリティの非常食もいくつかあった。ミリタリー食は、大目的がエネルギー補給であるからか、クセが強く万人受けする味ではないが、好奇心のある人はエンタメとして買ってみるのもいいかもしれない。

こっちも見てね！

タナちゃんねる【ソロキャンプ動画】

＼【第５章】胃袋を満たす！おすすめキャンプ飯／

# 5章のテーマをさらに深掘り！

**【ソロキャンプ】森のソロキャンプ９月（長編字幕有）キャンプ飯はステーキ丼 VLOG**
**JAPAN Solo Camping Overnight cooking forest (bushcraft)**

ステーキと付け合わせ野菜だけでなく、ごはんを炊いてステーキ丼にしたときの動画（完成品は 95 ページ写真）。赤丸しょうゆとバターを煮詰めたソースも最高の味だ。

---

**【冬ソロキャンプ】道志の森キャンプ場で DD ハンモック泊&すき焼きを焚き火で料理。【実録ひとりキャンプで食って寝る】**

２月の寒い日に温かいすき焼きをフライパン調理した。もちろん白米も。リラックスタイムにはコーヒーとはちみつナッツ、オレンジを絞ったフレッシュジュースも実践。

---

**【無人島】ソロキャンプ３日間【無人島生活、プチサバイバル】**

無人島で魚を釣ってさばいたり、野鳥を撮影したり。３日間で作ったキャンプ飯は、ステーキ、ジブリ飯、ミートソースパスタ、スパム焼き、ぜんざい、ラーメン、カレー。

---

**キャンプ用コーヒーセット紹介 アウトドアで本格的に ミル & フィルター / 焙煎機など**

コーヒーセットの紹介動画なのに、シナモンティーが飲みたくなったタナ。その場でお湯を沸かして、シナモンスティックとはちみつを投入して飲んでいる。

---

**【ソロデイキャンプ】焚き火で鉄板焼き！滝沢園キャンプ場でキャンプ料理**
**campcooking teppanyaki solo camp in japan outdoorcooking**

113 ページのぜんざいの本格調理動画。小豆を炊いている間に、チョコレートを食べ比べ、牡蠣やホタテの鉄板焼きとお好み焼きを調理した。こちらも美味。

---

**【災害時の備え】パタゴニアのオーガニック非常食が美味しい！（保存食 / 備蓄食料 / 防災）**

アウトドア用非常食食べ比べ動画で、114-115 ページのパタゴニア・オーガニック非常食を紹介。高品質で美味しい。※尾西食品のレビューは 114 ページの QR コードから。

---

**【MRE 食レポ】米軍 / ロシア軍のミリタリー飯を試食 アウトドアや非常時の備え（防災 / 保存食 / 行動食 / 備蓄食料）**

アウトドア用非常食食べ比べ動画。主に軍食をレビューしている。忖度のない、タナの素直な感想を述べているので詳細は動画をチェック。

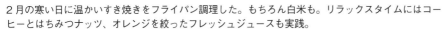

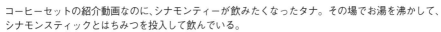

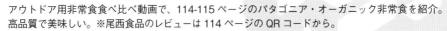

# 6
# 章

# 買ってよかった
# キャンプギア・寝具編

テント泊に寝袋とマットレスは必須、コットもあると快適だ。その他、蒸れないインナー、カッコいい薪ストーブ、便利な扇風機やポータブル電源などなど。

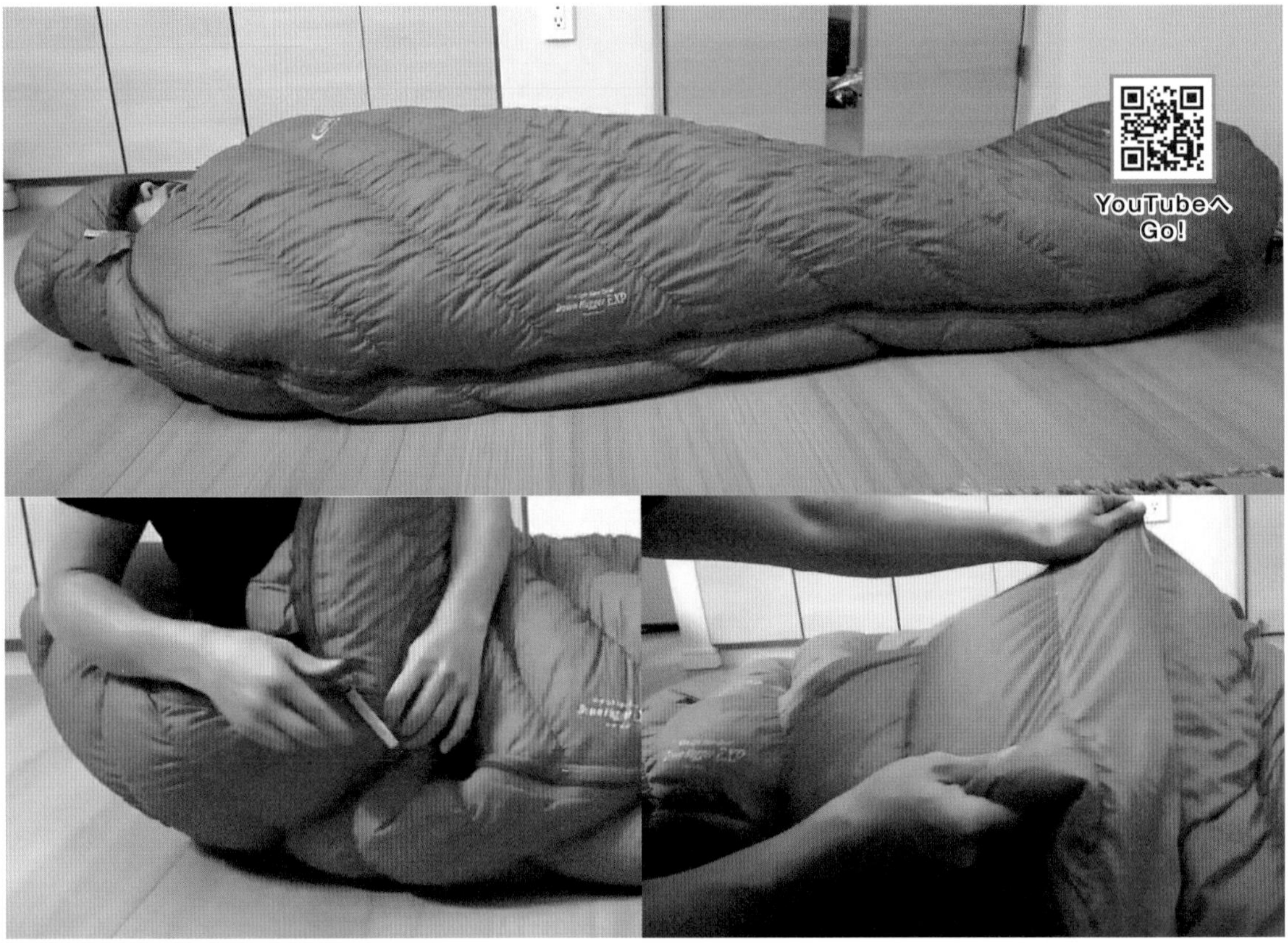


**モンベルのダウンハガーEXP**　僕が使っているモンベルのダウンハガーEXPは、伸縮性があり、暖かくて寝やすい。コンフォート温度はマイナス14度、リミテッド温度はマイナス20度だ。南極越冬隊員が使っているものと同等と聞いている。

## 自分にあったものを選ぶ3つの基準

# シュラフ（寝袋）

### 僕が使っているのは モンベルのダウンハガーEXP

シュラフを選ぶ時に判断のめやすになるものに形状、素材、そして、温度表記という3つの基準がある。

形状はミイラのようなマミー型と、布団のように四角い封筒型の2種類。マミー型は足先が少し窮屈だが、その分コンパクトで軽く、登山者も含めてこちらを使っている人が多いと思われる。封筒型は、中が広く足の自由はきくが性能の面で一般的には少し劣る。

素材には保温性に優れるダウンと水に強い化繊がある。

温度表記は、通常コンフォート温度、リミテッド温度、エクストリーム温度の3種類が表示されている。初心者はコンフォート温度を自分がやろうとしているキャンプに合わせて選ぶといい。店員さんに時期や場所などを伝えて教えてもらうのが確実だ。

僕はモンベルのダウンハガーEXPを使っている。これはマミー型ではあるが、スーパースパイラルストレッチと言って、寝ながら中であぐらがかけるほど伸縮性に優れているため足の自由がきき気に入っている。

# 形状、素材、温度表記を総合的に考慮

シュラフを選ぶときの判断基準は形状、素材、温度表記の3つ。車かバイクか徒歩か、移動手段に見合う収納性と重さはどうか、季節によって暑いのか、寒いのか、雨が降るのか、総合的に考慮して選ぼう。

### 素材

ダウンは保温性が高く、軽く柔らかく寝心地がいいが、水に弱く濡れると乾きづらいという欠点がある。化繊は濡れても乾きやすいので何が起こるかわからない中で性能を落とさない利点があり、洗濯も可能だ。保温力は低くなるが、安価である。

### 3種類の温度表記

- コンフォート温度：寒さに弱い人がシュラフの中でリラックスした姿勢で寒さを感じずに眠れる温度
- リミテッド温度：寒さに強い人がシュラフの中で丸まって寒さを感じずに眠れる温度
- エクストリーム温度：寒さに弱い人が、丸まった状態で震えながら6時間まで持ち堪えられる温度

### 形状

マミー型はコンパクトで軽く登山者も持っていくものだが、入った時に足先が少し窮屈だ。封筒型は、足が動かせて広く使えるが、生地が多い分重くなり、内部の隙間が大きいため暖まりにくく一般的に性能が少し低くなる。

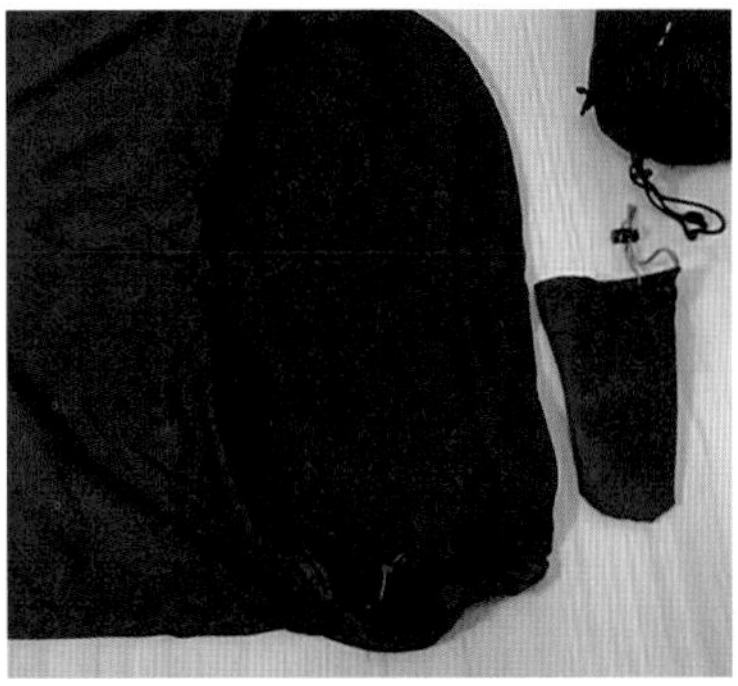

**インナーシュラフ**

シュラフの中にインナーシュラフを入れると温度性能を少し高めることができる。その差は2度くらいと言われている。

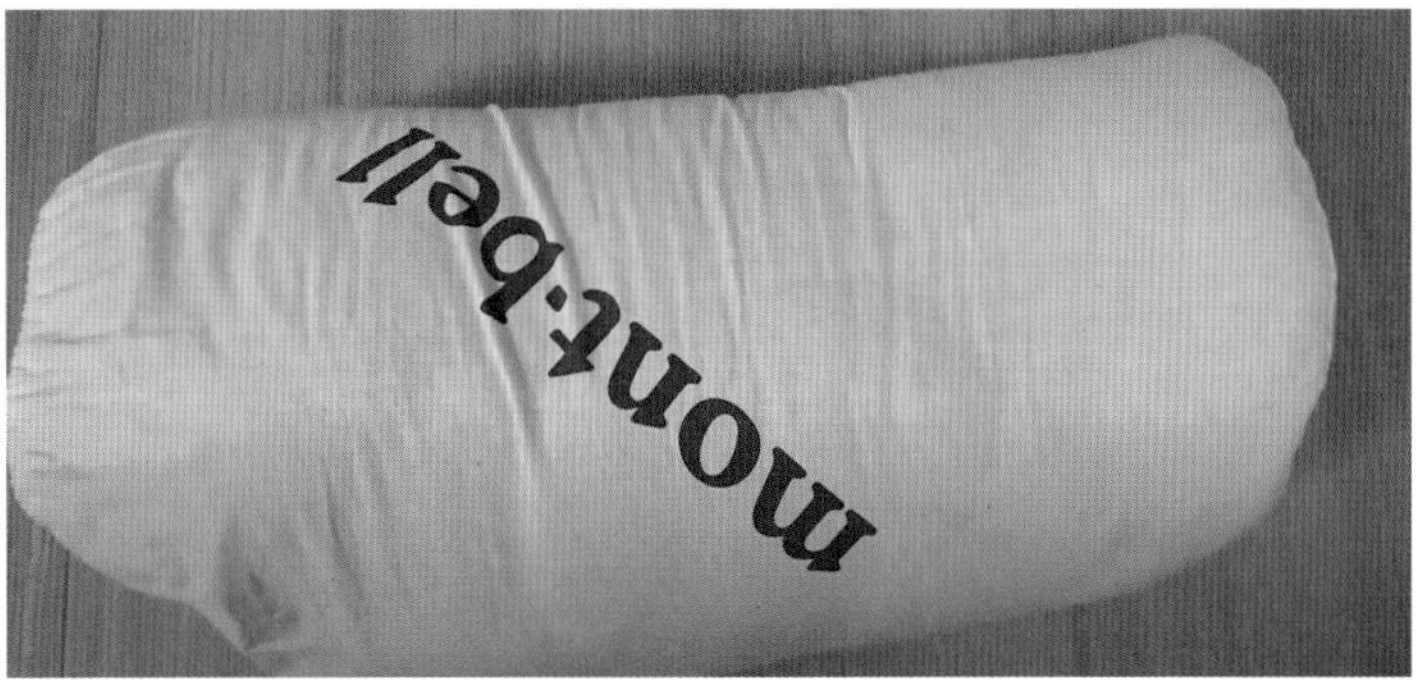


**ストレージバッグ**

車で行く時は麻のような素材でできていてぎゅうぎゅうに詰め込まずダウンの品質をつぶさないストレージバックを使っている。

**ナンガのオーロラ450DX**

以前は、ナンガのオーロラ450DXを使っていた。登山者が使うコンパクトで性能の良いものだが、足が動かせないと僕は腰痛が出てしまうので、伸縮性の良いダウンハガーに切り替えた。

**地面の冷気や凸凹を防ぐ** 寝袋と地面の間でクッションとなり体に凸凹が当たるのを防ぎ、特に冬は地面からの冷気を遮断できる。僕はサーマレストの蛇腹式のものを使っている。

## よく使っているのは断熱性の高いタイプ

# マットレス

### 軽さ、コンパクトさ、断熱性、クッション性が重要

寝袋の下にクッションとして敷き地面の冷気や凸凹を防ぐのがマットレス。種類にはウレタン製のものや、口やポンプで空気を入れるエアマットなどがあるが、重要なのは軽さ、コンパクトさ、断熱性、クッション性だ。僕はヘルニア持ちなので体に負担がかからないものを使っている。

一番良く使っているのは、サーマレストの蛇腹式のＺライトソル。表側のアルミが熱を反射して体を温めるタイプである。山岳向けのメーカーなのでスペックが良く、軽いのに防寒がしっかりしているのが良い。

より断熱性があるものに同じメーカーのネオエアーＸサーモもある。エアマットで膨らませると厚みがありクッション性が相当強く本当に暖かい。ただ、横幅が狭く、寝返りを打つと落ちてしまうことがあった。そのため今は、メインのマットレスは蛇腹式に落ち着いている。

枕は、持ち運びしやすくて、超ソフトなサーマレストのコンプレッシブルピローを使っている。

## サーマレストの蛇腹式マットレス

サーマレスト
Zライトソル

一番よく使っているサーマレストの蛇腹式のマットレス。表側が銀、裏側が黄色のタイプだ。銀面のアルミが保温性が高く、夏と冬で裏返しして使える。

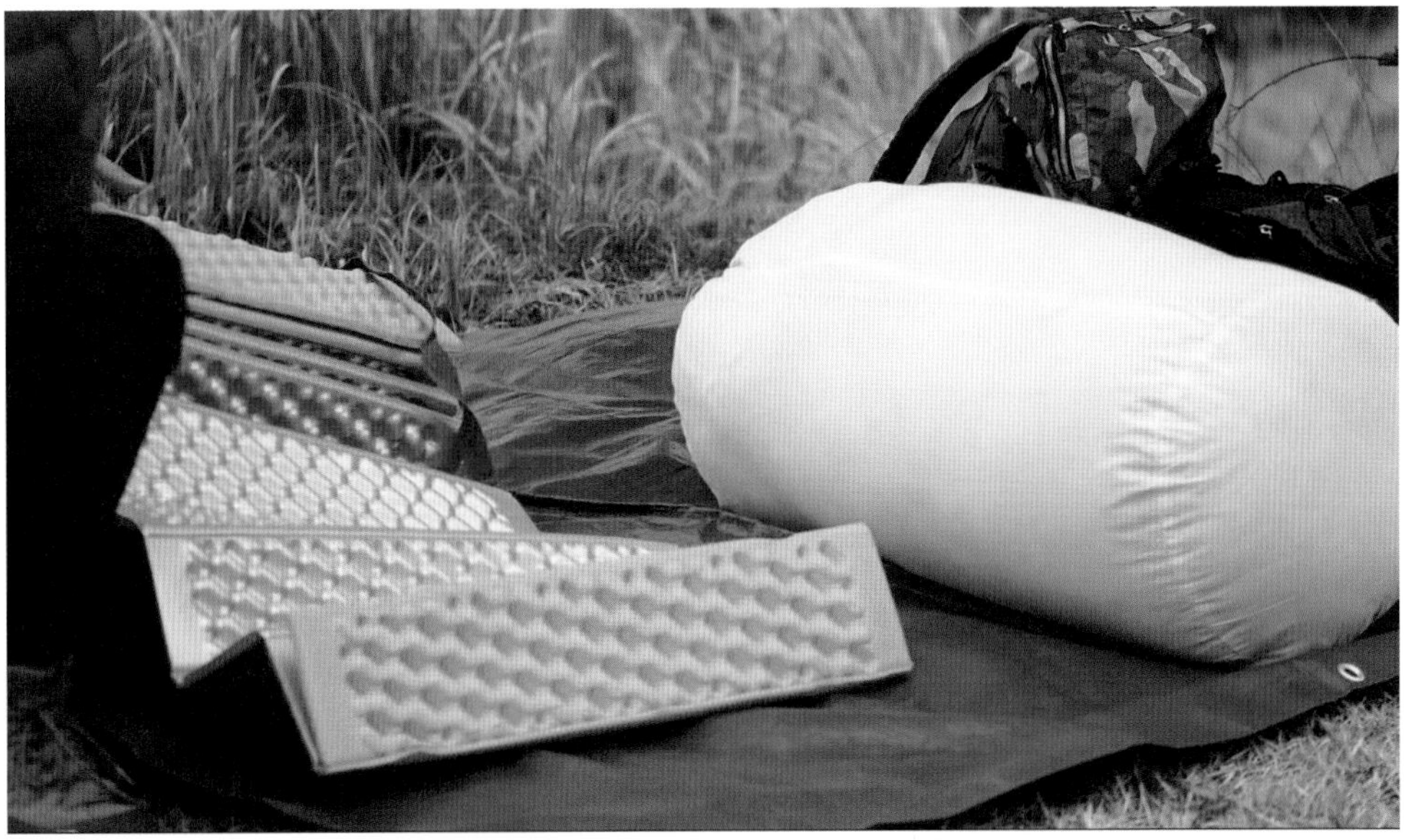

**１枚で十分に下の硬さが防げる**

ゴンドーシャロレーにはこれを持って行って、ビビィの中に入れて寝た。１枚で十分下の硬さを防ぐことができた。地面にそのまま敷いたり、ウールブランケットの上か下に敷いたりして座ってソロキャンプをすることもある。

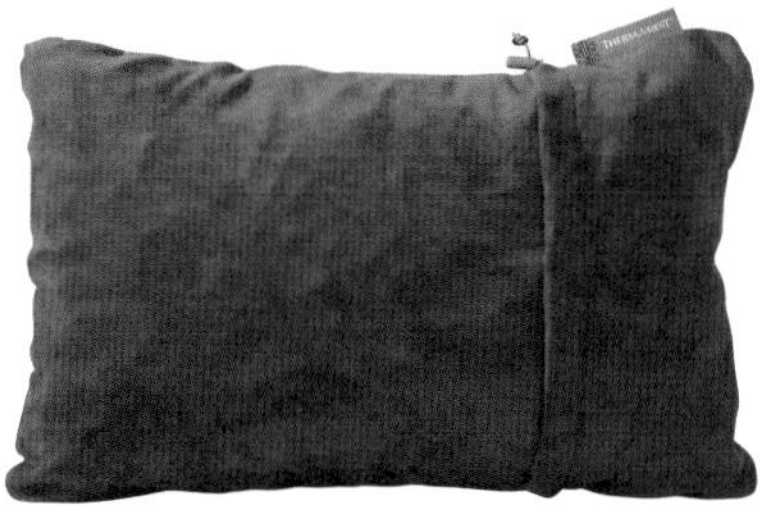

**サーマレスト コンプレッシブルピロー**

頭を当てた時のフィット感が超ソフト。ラグビーボールのように丸めて収納でき、持ち運びしやすい。

**DDハンモックの中もサーマレスト**

DDハンモックは、下にマットレスを敷くこともできる。僕は、よくそこにサーマレストの蛇腹式を敷いて使っている。

## 軽く性能のいいXサーモ

ネオエアー
X サーモ

サーマレストのネオエアー X サーモは、用途は山岳向けのため、軽く性能がいいのだが、同時に幅がだいぶ狭くなっている。

**Xサーモは空気入れが楽**

ネオエアーXサーモは収納用の袋をポンプのように使って空気が入れられるので、口で吹き込むより楽に膨らませられる。

**Xサーモはかなり厚い**

膨らませた厚さが６・３㎝でクッション性が相当強い。収納時はペットボトルサイズで４３０ｇと相当軽い。

ブレイク！

### 実は、エアウィーブがオススメ

腰痛の人には実は家庭用のエアウィーブのマットレスがオススメだ。僕もキャンプ歴の最初の頃、寝床が怖かったので、最初はこれを持って行っていた。外でも寝心地がいいし、加えて夏は通気性もいい。

**お気に入りはヘリノックス**　マットレスだけでは寝心地が悪いところでコットは活躍する。ヘリノックスのコットは、テンションが強く均一で品質の高さがわかる。（画像上がヘリノックス 、下がサーマレスト）

## 地面から寝床を離して寝心地を改善

# コット

### 下からの冷気や凸凹感を遮断 水平を保つのにも機能

冬場の寒い時期に寝床に入っていると、マットレスだけでは地面から冷気が伝わってきて眠れない時がある。また、地面の凸凹が大きかったり、地面が斜めになっていたりすると、やはり眠れない原因になる。

こうしたときはコットがあると寝心地を改善できる。地面から離して寝床を設置できるので、地面の冷気や凸凹が直に当たらず、寝床の水平も保ってくれて便利だ。僕は、必要に応じてコットを使うようにしている。

僕が愛用しているのはヘリノックスのコットワン・コンバーチブルだ。価格もそれなりにするものだが、使用感が非常に良く、寝心地が申し分なく、品質の高さを感じている。

以前、タナちゃんねるでコットの比較を行った際、他の安価なものは寝る面のテンションが弱かったり、張りが不均一だったりしたのだが、このコットはテンションが強く全体的に均一なことを再確認した。精密な作りで高い品質を保っているこの製品を長く使いたいと思っている。

# ヘリノックス コットワン コンバーチブル

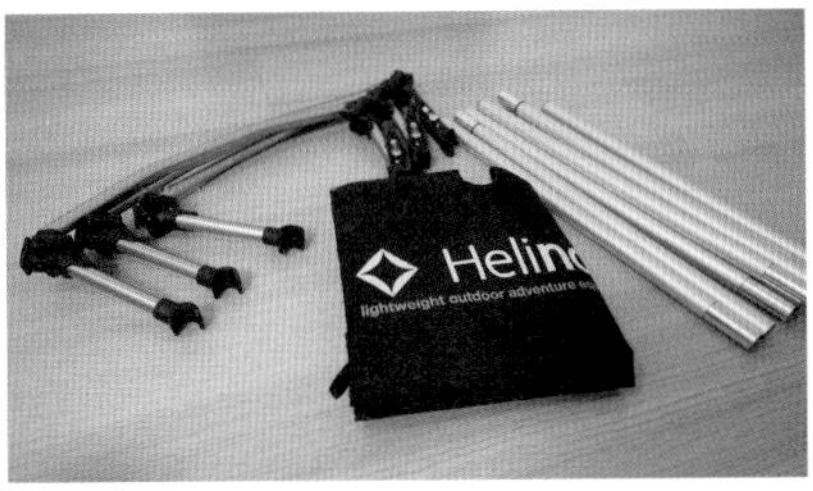

組み立て前の部品

長いポールが2本と、ポールを支えるフレームが3本入っている。左の短い棒の束はオプション別売品のコットレッグだ。

収納時のコット

ヘリノックスのコットを分解して折り畳むとこの2つの袋におさまるサイズになる。重くないし、持ち運びも苦ではない。

出来上がり

完成したところだ。コットレッグをつけることで、地面から距離が保てる。取り付け後のコットの高さは38cmになる。

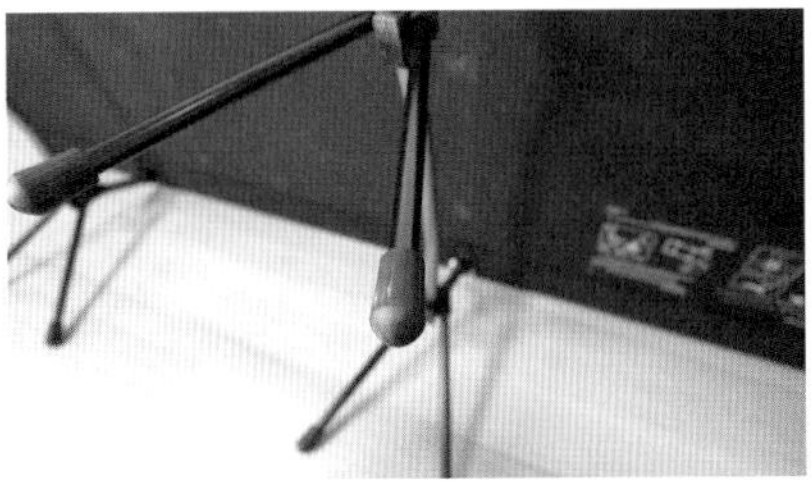

コットレッグを設置

てこの原理を応用した3本のフレームが裏側から支える仕組みだ。6カ所に計12本のコットレッグを設置していく。

テンションが均一

寝心地はとてもいい。体全体で感じてみると、安価なものと比べて、テンションが全体的に均一になっていることがわかる。

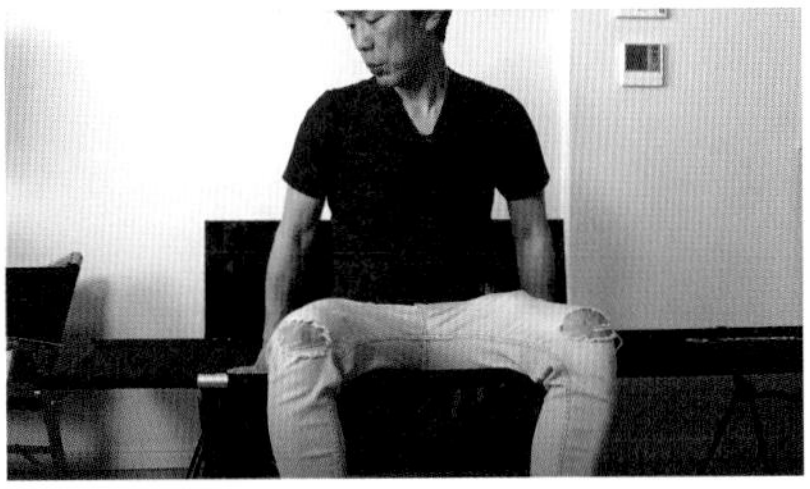

ベンチにもなる

ベンチとしても使用できる。座っていると寝ている時よりも接する面が少ないが張りが強いヘリノックスは安定感がある。

# キャンプ場で良さを実感

コットは地面が凸凹になっていたり、斜めになっていても、寝床を快適に保ってくれる。

**浩庵キャンプ場で活躍**

浩庵キャンプ場の湖畔サイトは、地面が湖に向かって少し下るように傾斜していたが、コットを使って、寝床を水平に保つことができた。

**モンベルのベースレイヤー**　体を冷やさないベースレイヤーを選ぶことは、特に冬場のキャンプでは重要。モンベル独自のアンダーウェアは速乾性をプラスしている。

YouTubeへGo!

## 暖かくて蒸れない機能性が重要

# ベースレイヤー（インナー）

### 冬の肌の近くに着るのはメリノウール素材

キャンプで着る衣類については、特に寒さへの対策をしっかり考えた上で準備する必要がある。

僕は、冬のベースレイヤーにはメリノウール素材のものをよく着ている。保温性が高く、同時に、通気性にも優れていて蒸れないので肌の近くに着て全然不快感がないのだ。値段は決して安くはないが、買っておいて損はない。モンベルは比較的リーズナブルなので、そこから試してみるのもいいだろう。

また、これはメリノウールではないのだが、ザ・ノース・フェイスで一番暖かいベースレイヤーのエクスペディションホットクルーもいい。これも温かいのに全然蒸れない。

キャンプでは、荷物を運んだりテントの設営をしたりしてじわっと汗をかくこともあれば、寒空の下で食事の下ごしらえをしたり、鳥を撮影するために1時間動かないでいるということもある。蒸れなくて暖かいという高機能は非常にありがたいのだ。アウトドアブランドがスペックにこだわって作ったものは本当に品質がいいと思う。

## タナのベースレイヤー（メリノウール）

メリノウールは暖かいのに湿気がなくてサラッとしていて不快感がない。冬のベースレイヤーとして機能性が高いと思う。

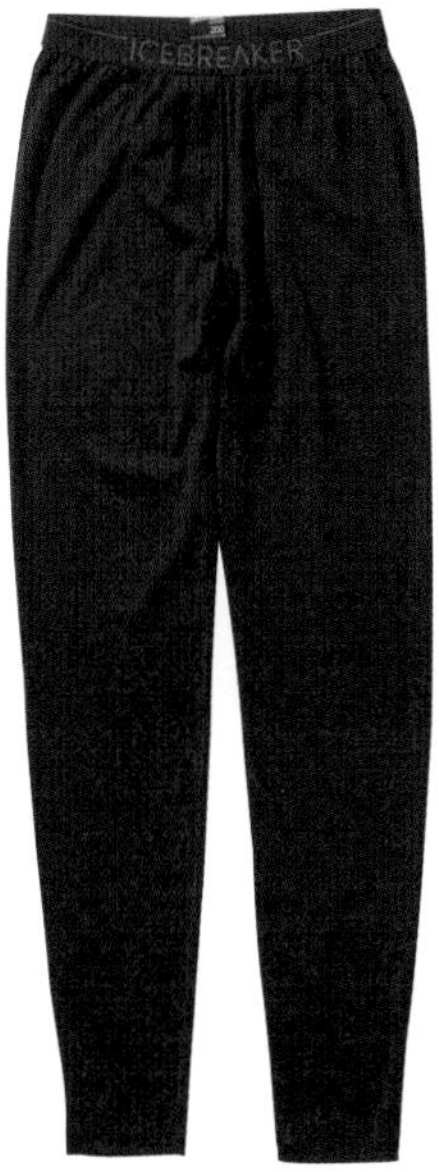


**アイスブレーカー**
**200オアシス レギンス**

※ウール（メリノウール） 100%
さまざまなシーズンやキャンプシーンで使える、中厚手のレギンス。

**パタゴニア**
**キャプリーン・クール・メリノ・シャツ**

※メリノウール65%、リサイクル・ポリエステル35%
体温管理はもちろん、抗菌作用により防臭効果もある。パタゴニア社は素材にもこだわっており、羊毛はRWSの認証済みだ。

**ブレイク！**

**なぜいいの？**
**メリノウール**

羊毛は湿気を吸収すると熱を発し、中でもメリノウールは縮れが細かくて暖かい空気を溜めやすいそうだ。また、夏でも毛がふさふさで生きている羊の毛は通気性に優れているんだとか。そのためドライな肌感も保つのだ。

## タナのベースレイヤー（メリノウール以外）

ノースフェイスでいちばん暖かいベースレイヤー。伸縮性も高く湿気もこもりにくい。

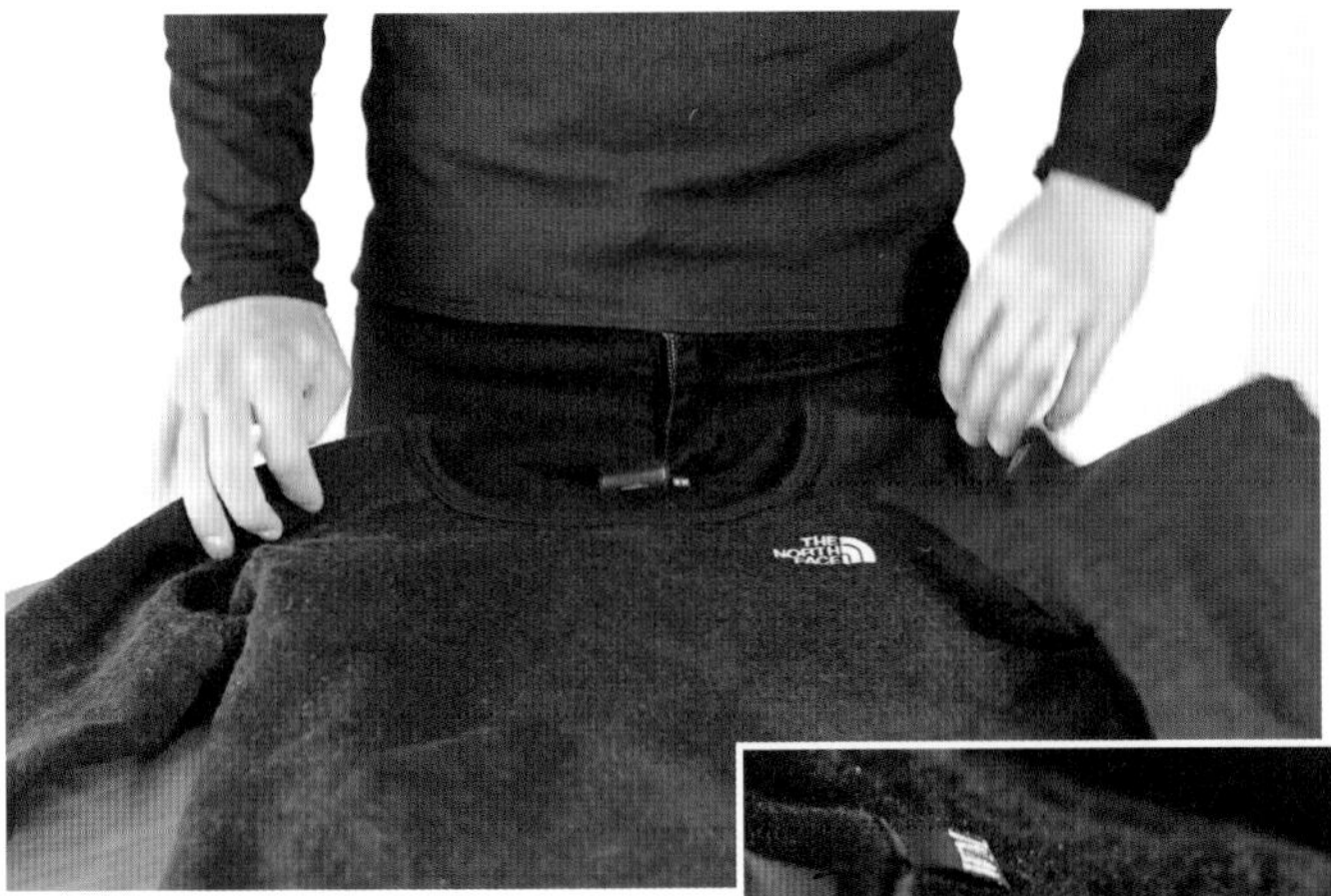

**ザ・ノース・フェイス**
**エクスペディションホットクルー**

※アクリル60%、ナイロン26%、毛12%、ポリウレタン2%
ウール混紡で暖かい。裏側の毛足の長い起毛地が体にぴったりとフィットして熱を逃がさない。

**裏側の綿がふかふか**

裏側の綿の感じがかなりふかふか。空気がよく入るぶ厚いクッションだ。

**タナの**
**こだわり！**

**夏は経済的なものが多い**

冬は体を冷やさないようスペックが高いものを選んでいるが、夏は、経済的なものが多い。ユニクロのシルキードライなどを中に着ている。山岳メーカーの速乾性のものがいいとは思うが、そこまでこだわってはいない。汗をかいて不快にならないよう予備を持っていくようにしている。

**憧れの薪ストーブ**　ストーブを使うなら薪ストーブ派の僕が、以前から憧れていたのは、テンマクデザインのウッドストーブMだ。僕だけでなく初めてのストーブにこれを選ぶ人は多いようである。

### 憧れのアイテムでカッコよく暖をとる

# 薪ストーブ

## 気に入っているのはウッドストーブM

僕はキャンプでは、冬も外で焚火をして、寝るときしかテントに入らないため、あまりストーブは使わないのだが、使うとしたら石油よりも薪ストーブの方が好みだ。

カッコよくて一回使ってみたいと思い購入したものにテンマクデザインのウッドストーブMがあり非常に気に入っている。

なぜこれを選んだかというと、テントにテンマクデザインのサーカスTCを使っていて、相性がいいんじゃないかなと思ったのと、火を燃やしたとき、正面の扉から眺められるのがいいなと思ったからだ。

正面の通気口や扉の取手など非常におしゃれで、デザイン性は大事なんだなと改めて実感した。

これも含めて、各社の薪ストーブを燃やしてみた比較動画もアップしているので、購入を検討される方は参考にしてみてほしい。

各社どの薪ストーブも暖かさの点では申し分なく、デザインや機能で選べばいいと思う。

**ガラス窓は大きめ**

ウッドストーブMはソロからデュオにオススメのコンパクトサイズ。ステンレス製でデザインが洗練されている。正面のガラス窓は大きめで炎が見えやすくなっており、正面の通気口と扉の取っ手がおしゃれだ。こういうところで魅了されるのだから、デザインはすごく大事だと改めて思う。

**ここで注意！**

**薪ストーブの扱いに注意！**

薪ストーブの使用につき、改めて注意を促したいのは、アウトドア用の薪ストーブは本来、屋外用として製作されておりテント内、喚起の不十分な場所での使用は禁止されているものであるということだ。ご使用の際は、よくシミュレーションして知識を十分習得した上で、自己責任で使用してほしい。

**収納サイズは**

三脚の足を畳むとコンパクトになる。収納サイズは奥行きが38㎝×幅が20㎝×高さが20㎝になっている。

**直火調理ができる**

天板の丸蓋を外すと直火調理ができる。バタフライ型のステンレス棚を開くと、鍋などを置いたりできる。

## 比較動画で紹介した

YouTube"タナちゃんねる" では、オススメ薪ストーブ９選として実際に薪を燃やしてみたレビュー動画をアップしている。その中では以下の製品などを紹介している。ご購入を検討される方は、動画も参考にしてみてほしい。

**オガワ ちびストーブ3**

5・2㎏とかなり軽く、正面の小さいガラス扉から炎が見える。意外と大きく感じたが軽いので持ち運びは良さそうだ。

**DODメラテレビ16型**

すこし大きめだが、デザイン性があってかっこいい。正面の大きなガラス窓から炎がよく見える。

（現在は廃盤のため入手不可）

**コードレス扇風機** 野外での暑さ対策に効果的なポータブル扇風機。ソロキャンプにオススメなのは、コンパクト＆パワフルなタイプだ。タナちゃんねるでも比較動画を撮っているので、ぜひ参考にしてほしい。

## 暑さ対策に役立つポータブルタイプ

# 扇風機

### ソロキャンプにオススメはコンパクト&パワフル製品

夏キャンプの暑さ対策を考える上で外せないものの一つが、ポータブル扇風機だと思う。

僕は使ったことはなかったのだが、YouTube動画の企画で野外に向いている扇風機の比較を行い、ソロキャンプに合うものとして2つの製品にたどり着いた。

イチオシはルーメナーのコードレス扇風機だ。これは、軽くてコンパクトなのに風がかなり強くて、しかも静かに動く。デザイン性もなかなか高い。前蓋の滑らかな曲線、背中のロゴや艶消しブラックのかっこいい取っ手など、僕好みの超シンプルデザインでありながら高級感もある。

もう一つがキーリイスのUSB扇風機だ。こちらも小さいのにパワフルで、結構風がある。使い勝手がいいのは、卓上におけるだけでなくクリップやフックが付いていて、テントのポールに挟んだり、ロープで吊り下げたりできるところだ。

どちらもコンパクトなのに風量がしっかりあって静かだった。

# ルーメナー コードレス扇風機

コンパクトで非常にパワフル、シンプルながら優れたデザイン性

テントの中で邪魔にならない

後ろにロゴがある。艶消しのブラックが落ち着いていていい。テントの中に一つ置いてあっても邪魔にならないと思われる。

シンプルなデザイン

シンプルながら高級感のあるデザイン。前蓋の曲線がなんとも言えない滑らかさで、こだわって作ってるなという感じがする。

連続使用時間4～20時間

十分涼しく快適な風が来る。首は45度上下角度調整可能だ。左右には動かない。連続使用時間は4～20時間とのこと。

コンパクトでパワフル

コンパクトなのにパワフル。風の強さはキーナイスを上回る。最大風速は8mで、風量は4段階で調整が可能だ。

# キーナイス USB 扇風機

コンパクトでパワフル、卓上&吊下げ&クリップ&壁掛けの 4Way 仕様、コスパの良さ

操作ボタンは裏側

操作ボタンは裏側にある。Amazonのレビューでは、操作性に難があるとする口コミもあった。風量は4段階で調整可能だ。

コスパでは有利

こちらがキーナイスのUSB扇風機。こちらの方が若干風が弱くなるが、値段が半分以下で、コスパでは有利。

吊り下げ用のフック

台の裏側に吊り下げ用のフックが付いている。テント内やロープ、カラビナ、木の枝などに吊り下げて使うことができて便利。

クリップ

台の下にクリップが付いている。挟む力は結構強い。テントやタープのポールに挟んで設置するのになかなか良さそうだ。

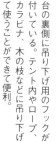

**アイパー ディスカバラー600** キャンプ場に1台あるとスマホの充電や扇風機などいろいろ使えて便利なポータブル電源。メーカーさんにご提供いただいたこちらの製品もレビューで使ってみたところ、大変役に立つことがわかった。

## キャンプ場での電源確保にあると便利

# ポータブル電源

### スマホ、PCの充電から扇風機、電気毛布にも

キャンプ場でポータブル電源が1台あるとスマホやタブレット、PCの充電ができ、夏は扇風機、冬は電気毛布などにも使えて便利だ。また、災害時や非常時にも役に立つため、一家に1台あってもいいだろう。

以前メーカーさんにご提供いただき、タナちゃんねるでもレビューした製品が非常にパワフルだったのでご紹介したいと思う。

それがアイパーのディスカバラー600だ。重さ7・5kg、バッテリー容量は209880mAh／755Wh。AC、USB-A、Type-C、シガーソケットと、4つの出力モードがあり、同時に8つのデバイスを充電可能とのことだ。

レビュー動画ではテレビ、スピーカー、PC充電、スマホ充電、カメラ用バッテリー×2、イヤホン充電を一斉につないでみたところ、計227Whの全てに同時供給ができた。

また、後日こちらを使用してライブ配信もやってみたが、最後まで電池切れを起こすことなく放送ができた。

# 一家に1台

キャンプに重宝するだけでなく、災害時や緊急時の電源としても使える。一家に1台あってもいい製品だと思った。

ポータブル電源自体の充電は、AC充電の他に、屋外では自動車のカーチャージャーや別売のソーラーパネルでの充電が可能。

**本体の充電方法は3つ**

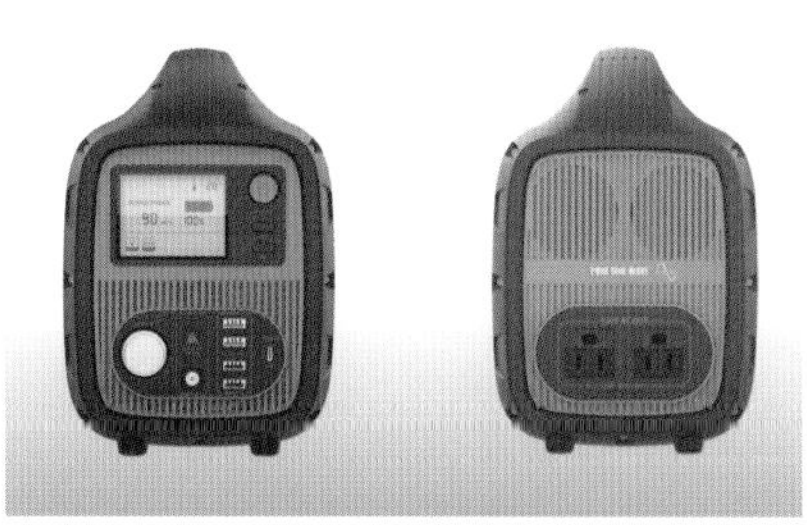

充電用の出力方法はUSD・A×4、Type・C×1、AC×2、シガーソケット×1があり、同時に8つのデバイスが充電可能。

**8デバイス同時に給電可能**

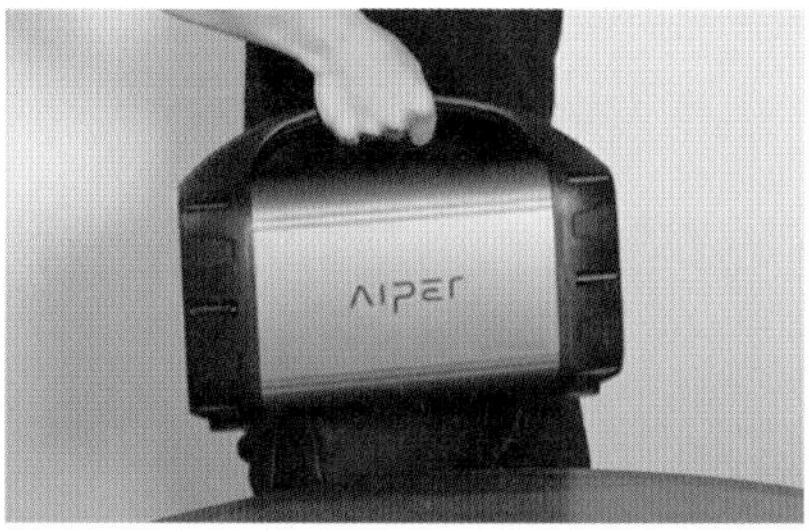

持ち手がゆるやかにカーブを描いていて持ちやすい。重さは7・5kg。ボディは、アルミニウム合金でできていて、しっかりしたつくりだ。

**重さは7.5kg**

サイズは長さ34・5㎝、幅15・9㎝、高さ24・5㎝。側面にロゴがあり、デザインはスッキリしてなかなかカッコよくできている。

**デザインもカッコいい**

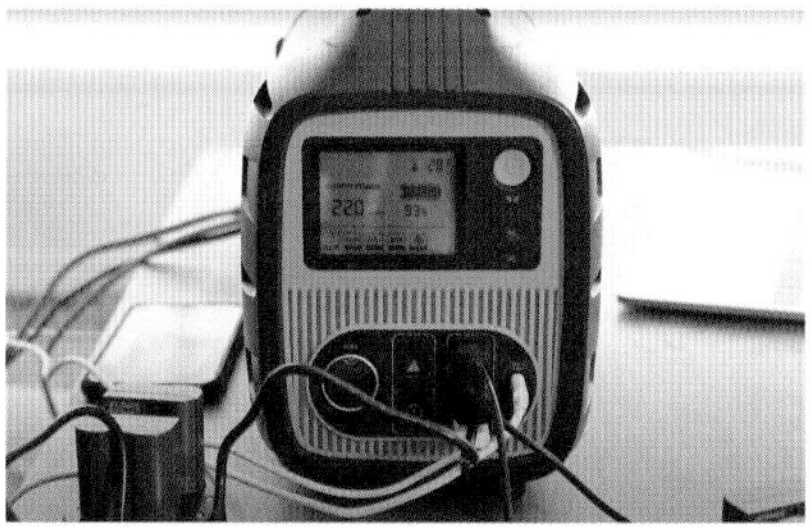

一度にテレビ、スピーカー、PC充電、スマホ充電、カメラ用バッテリー×2、イヤホン充電をつないで、全てに同時供給ができた。

**7デバイスで実験**

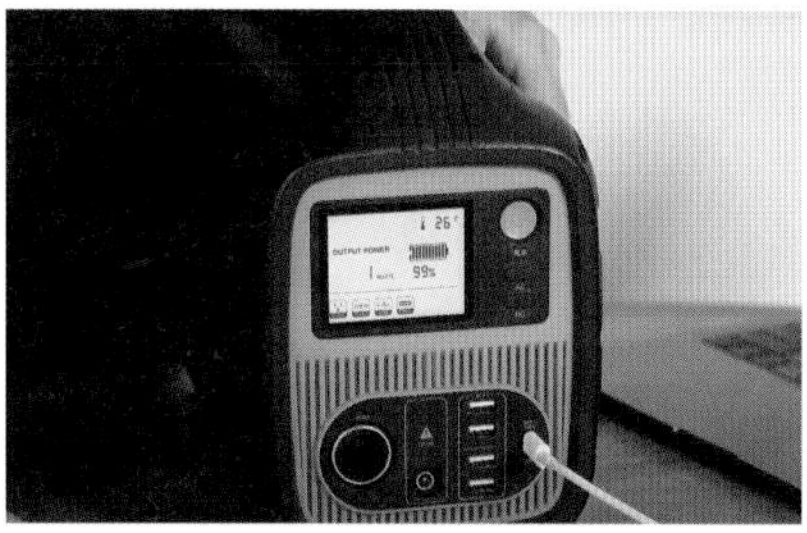

MacBookをつないでみた。ACアダプタ経由でもType・C直でも充電できた。ノートパソコンでおよそ13回充電可能とのこと。

**ノートPCは約13回充電可能**

**ライブ配信で使ってみた**

outsideBase夏祭りイベント生配信にて、キャンプ場からのライブ配信に使ってみた。

**充実した放送に**

本番ではスマホ、PCなど複数台のデバイスに給電を行い、充実した放送となった。

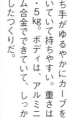

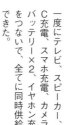

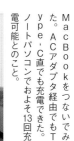

タナちゃんねる【ソロキャンプ動画】

＼【第6章】買ってよかったキャンプギア・寝具編／

# 6章のテーマをさらに深掘り！

**おすすめ【寝袋（シュラフ）の選び方】完全解説**
**ダウン？化学繊維？コンフォート温度？シュラフカバー？**

初心者向けに寝袋（シュラフ）の選び方を解説。また、インナーシュラフや、シュラフカバー、コンプレッションバッグ、化学繊維とダウンの違いなども説明している。

---

**【冬キャンプ装備】南極観測隊の寝袋**
**モンベルダウンハガーEXP。シュラフ選びの参考に！**

２個目のシュラフとして購入したモンベルのダウンハガーEXPのレビュー動画。購入時に自室で伸縮性が135%のスーパースパイラルストレッチシステムを体感。

---

**モンベルの寝袋を自宅で洗う！ダウンシュラフをホームクリーニング。**
**撥水性を取り戻し羽毛嵩をふわふわに、防水スプレーまで完結編。**

モンベルのダウンハガーを自宅でクリーニング。しっかりとふかふか、ふわっふわっに。新品のようになり、最後に防水スプレーを縫い目にそってかけて完成。

---

**#サーマレスト 最高性能の #ネオエアーXサーモ を使ってみます**
**（冬に最適な #エアマット ソロキャンプ道具）**

サーマレスト最高性能のマットレス、ネオエアーXサーモを購入して使ってみたレビュー。自室で膨らませる様子や浩庵キャンプ場で実際に使用している様子を紹介。

---

**【キャンプコット比較】ヘリノックス vs サーマレスト 人気No.1？**
**初心者にもおすすめのコット！**

キャンプコットの比較レビュー動画。昔から愛用していたヘリノックスのコットワンコンバーチブルと新しく購入したサーマレストのウルトラライトコットを徹底比較。

---

**【薪ストーブ10種】人気おすすめ大公開！**
**冬キャンプ道具 プレゼントあり**

キャンパー取材の中から薪ストーブを10個セレクト。ANEVAYフロンティアストーブプラス、Winnerwell ノマドビュー スペシャルパッケージMサイズなどを紹介。

---

**イスカインナーシュラフ開封〜使用感まで（寝袋の保温性を高める）**
**japan camp gear**

冬キャンプに行く前にイスカのインナーシュラフをAmazonで買ってみた！ そのレビュー動画。自室でナンガの寝袋オーロラライト450DXに装着して使用感を体感。

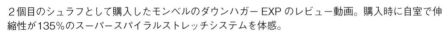

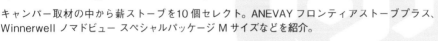

# 7
# 章

# ソロキャンプを配信！おすすめ撮影機材

カメラもレンズも高ければいいわけではなく”何を撮りたいか””どう撮りたいか”に合わせて選ぶことが大切。こだわったものなら映りが違うはずだ。

ブログへ
Go!

**スマホからでOK**　写真を始めるならまずはスマホからでOK。何が撮りたいか見えて来たら、それに合わせてエントリーモデル、そして上位機種を揃えていくといいだろう。

## 何を撮りたいか？ によってカメラを選ぶ

# カメラ

### 最初はスマホからでOK 目指すのはフルサイズ

カメラを選ぶ時は高ければいいというわけではない。何を撮りたいか、どういう写真を撮りたいか、ということで選ぶのが大切だ。

今、写真を始めるなら、まずはスマホで撮ってみよう。その後に編集してみると自分のイメージとの差が分かるので、それを埋めるようなカメラを探していくと良い。

一眼カメラのエントリーモデルは、映像をキャッチするイメージセンサーのサイズが最上クラスよりも小さい〝APS‐C〟や〝マイクロフォーサーズ〟と呼ばれるものが適している。僕のオススメは後者に該当するパナソニックのルミックスGシリーズだ。僕も初期はDMC‐G7を使っていた。星を撮るのに品質が高い「パナライカ」という交換レンズがあったからだ。このシリーズは今でもサブとして使っている。

その次はイメージセンサーのサイズが最上クラスの〝フルサイズ〟を目指すといいだろう。僕はニコンのZシリーズを使っている。

# タナのカメラリストアップ

メインカメラはニコンのフルサイズカメラのZシリーズを使っている。星空、タイムラプス、動画撮影全てに使うことが可能だ。サブカメラはルミックスGシリーズ。特にGH5は時間の長い動画撮影に向いている。

## メインカメラ

メインで使っているカメラはニコンのZ6とZ7。星空などタイムラプス撮影をするために購入したが、シグマアートシリーズのレンズとの組み合わせによる映像の美しさに引かれ、現在は動画でもメインで使用している。

フルサイズは、光を多く集められるので夜の撮影に圧倒的に有利だ。また、背景がボケる感じや、星空の鮮やかさ、交換レンズの種類の豊富さなど、どれをとっても、最上クラスに値する。

### ニコン Z6

- 有効画素数2450万画素
- ISO 100-51200
- 動画撮影 フルHD 1080/120p, 4K UHD 30p

### ニコン Z7

- 有効画素数4575万画素
- ISO 64-25600
- 動画撮影 フルHD 1080/120p, 4K UHD 30p

## サブカメラ

今、サブカメラとして使っているのはルミックスのDMC-G8、そして、DC-GH5だ。なぜこのGシリーズを選んだかというと、星を撮るのに圧倒的に評価が高い「パナライカ」というシリーズが交換レンズにあったからである。これは、ドイツの有名なライカ社とコラボして設計されたレンズだ。GH５は動画機能に優れており、長時間の動画撮影ではニコンZシリーズよりも、こちらを使用している。

### ルミックス DC-GH5

●有効画素数 2033万画素
●4K動画撮影 4K/60p対応

### ルミックス DMC-G8

●1600万画素(有効画素)
●4K動画撮影 4K/30p

**ポイント！**

**初代は「DMC-G7」**

一番最初に使った一眼カメラはルミックスの「DMC-G7」。その次に使ったのが上の「DMC-G8」で、これは今でも使っている。G8は中古で、今では50,000円くらいだ。P140で紹介するライカ社のルミックス用ズームレンズと組み合わせるとかなりきれいでコスパが良いと思われる。

## メインカメラは3台持っていく

キャンプではメインカメラを3台持っていく。なぜかというと1つのシーンを複数の角度で撮影するためだ。例えば、料理シーンなどは両側から同時に撮ったりしている。複数の動画を持ち帰って、ファイナルカット（動画編集ソフト）で合わせて編集するとワンクリックで簡単に画面が切り替えられ、飽きのこない動画が作れるのだ。

調理を下から撮影。

調理を上から撮影。

## カメラの他に持っていくものは？

三脚は必須である。星を撮る時や自分が作業している様子を撮る時などはカメラを固定するからだ。スマホの人もこれは必須だ。カメラを運ぶ時はリュックに直接入れることはできないのでカメラバッグに入れて行こう。機材が少なければバッグインバッグでリュックに入れてもいいだろう。クリーニング用にブロワーとレンズ拭きも必要だがP141で紹介するレンズペンで代用できる。また、記録媒体やバッテリーは、僕は複数のカメラで動画を撮るので多めに持って行く。

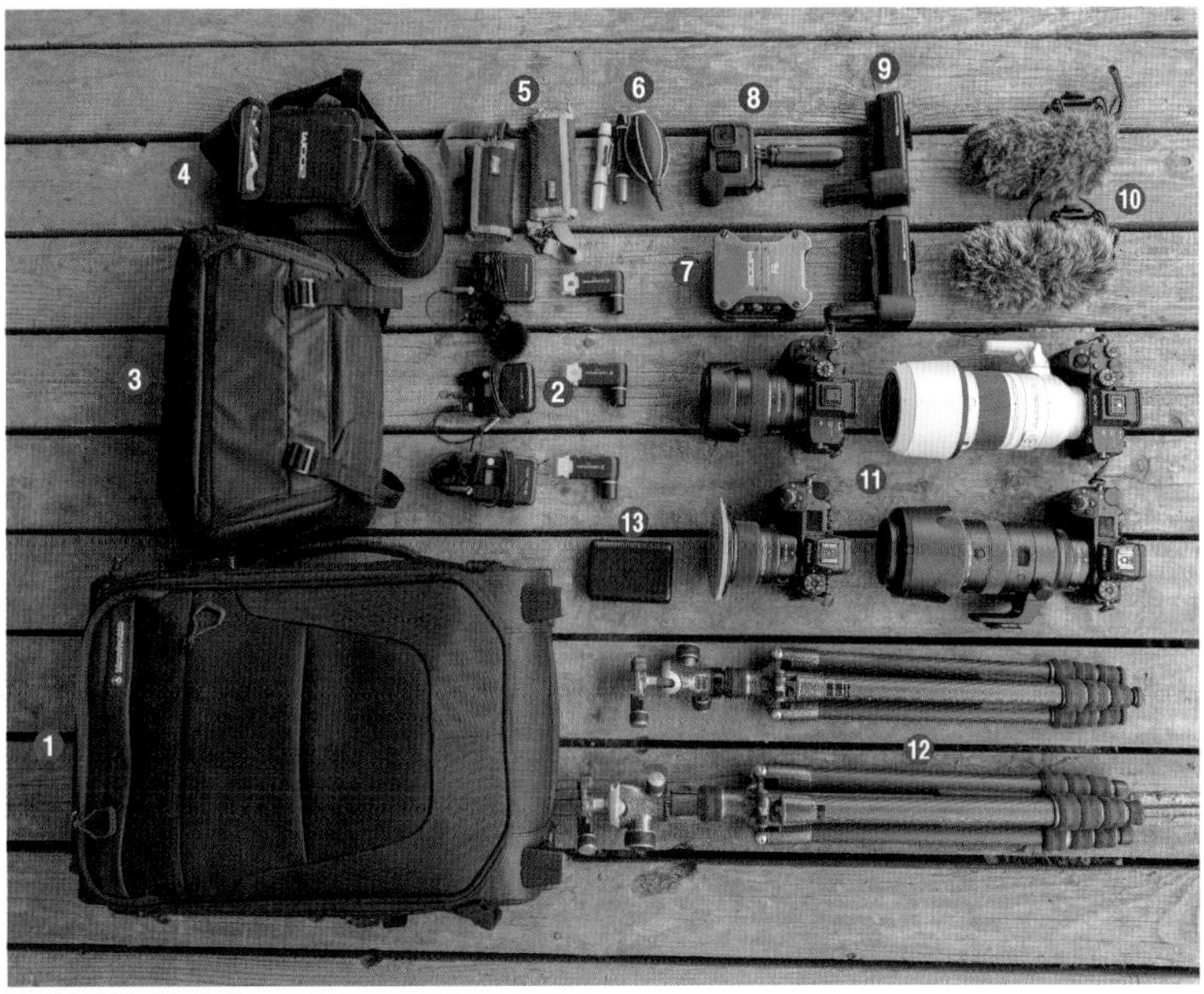


**キャンパー取材時のカメラセット**（一例）

❶カメラ用バックパック／Manfrotto
❷ピンマイク／SENNHEISER AVX-MKE2 SET-5-US
❸カメラ用スリングバッグ／エブリデイ スリング 10L
❹ZOOM F6用バッグ／PCF-6
❺メモリカードケース／thinkTANKphoto セキュアピクセルポケットロケット
❻ハクバ レンズペン／ブロワー
❼フィールドレコーダー／ZOOM F6
❽カメラ／GoProHERO8 Black
❾バッテリーグリップ／NIKON
❿カメラ用マイク／RODE VideoMic Pro+
⓫カメラ／
NIKON Z7＋14-30mmレンズ
NIKON Z7＋70-200mmレンズ（F2.8）
SONY S7iii＋SEL24105G
SONY S7iii＋SEL100400GM
⓬ジッツォ トラベル三脚／2型＋1型
⓭モバイルバッテリー／Anker

**ポイント！**

**撮影の心得は**

見ている人が、その時々の美しいものを共有できるように撮ることを心がけている。美しい花、苔の瑞々しさ、松ぼっくりの質感、目に入るもの全てを、そして、レンズ越しに今何を見て、何を聞いているのか、同じ思いで動画や写真を見てもらえたらと思う。

YouTubeへ
Go!

**多彩なレンズから選ぶ楽しさ** 多彩なレンズから好みのものを選んで使えるのが一眼カメラの楽しみの一つだ。レンズの選択で撮れる写真の趣は全然違ってくるので、レンズを選ぶときは、何をどんな風に撮りたいのかよく考えてみよう。

## 交換レンズはキャンプシーンに合わせて選ぶ

# レンズ

### 星空撮影でよく使うのは単焦点の広角レンズ

多彩なレンズに交換できるのが一眼カメラの楽しさ。交換レンズを買う時は、何を撮影したいのか考えて選ぶといいだろう。

まず最初は〝ズームレンズ〟があると便利。これはレンズからイメージセンサーまでの焦点距離を自由に変えて望遠や広い角度など1本でいろんな撮り方ができるものだ。僕はニコン用にはニッコール24・70㎜f／2・8を使っている。

一方で、僕が好んで使うのは〝単焦点レンズ〟だ。これは焦点距離が変えられない変わりに、より趣ある写真が撮れるもので、光をいっぱい取り込んだりドラマチックなボケ感を生み出したりできる。

星空撮影で主に使っている単焦点レンズは、シグマのアートシリーズで焦点距離が短い〝広角レンズ〟だ。料理やポートレートを撮るにはシグマの〝標準レンズ〟、焚火の撮影には、熱源から距離をとれる焦点距離が長めの〝中望遠レンズ〟、野鳥の撮影には〝望遠レンズ〟をよく使ってる。

# タナの使用機材リストアップ

キャンプでは星空には広角、料理には標準やマクロ、焚火には中望遠などキャンプシーンごとに最適なレンズを選んで撮影している。

## 広角レンズ（単焦点レンズ）

星空撮影やタイムラプスに使っている。タイムラプスに一番よく使っているのはシグマの14mmだ。

- SIGMA ART 14mm F1.8 DG HSM（フルサイズ）
- SIGMA ART 24mm F1.4 DG HSM（フルサイズ）
- SIGMA ART 20mm F1.4 DG HSM（フルサイズ）
- LEICA DG SUMMILUX 12mm / F1.4 ASPH.（マイクロフォーサーズ）

SIGMA ART 20㎜ F1・4 DG HSMで撮影。

SIGMA ART 20㎜ F1・4 DG HSMで撮影。

### ズームレンズ

レンズを交換せずにいろんな写真が撮れるし、旅行に持っていく時などにも重宝する。単焦点レンズに比べてボケ感は物足りないが下のどちらのレンズもすごくきれいに写る。

- NIKKOR Z 24-70mm f/2.8 S（フルサイズ）
- LEICA DG VARIO-ELMARIT 12-60mm / F2.8-4.0 ASPH.（マイクロフォーサーズ）

NIKKOR Z 24-70mm f/2.8 Sで撮影。

### 標準レンズ（単焦点レンズ）

肉眼に近い写真が撮れる。完成した料理を撮ったり、ポートレートを撮ったり、サムネールを撮ったりする時に使っている。

- SIGMA ART 50mm F1.4 DG HSM（フルサイズ）
- OLYMPUS M.ZUIKO DIGITAL ED 25mm F1.2 PRO（マイクロフォーサーズ）

SIGMA ART 50mm F1.4 DG HSMで撮影。

AF-S VR Micro Nikkor ED 105mm F2.8Gで撮影。

### 中望遠レンズ（単焦点レンズ）

背景を強くぼかしたポートレートに最適だ。調理を上から撮り下ろしたり、焚き火から距離をとりつつ大きく撮ったりする時に使う。

- SIGMA ART 85mm F1.4 DG HSM（フルサイズ）
- AF-S VR Micro Nikkor ED 105mm F2.8G（フルサイズ）
- LEICA DG NOCTICRON 42.5mm / F1.2 ASPH.（マイクロフォーサーズ）

**ポイント！**

**レンズの数値の見方**

「○mm」と示されているのが焦点距離。「F○」「f○」と示されているのを「F値」といい数字が小さいほど明るく撮ることができ、ボケ感が強いと思ってほしい。単焦点レンズはF値の小さいものが多い。
(例) SIGMA ART 14mm F1.8 DG HSM　NIKKOR Z 24-70mm f/2.8 S

**望遠レンズ（単焦点レンズ）**

鳥を遠くから撮影するのに使っている。

- AF-S NIKKOR 500mm f/4E FL ED VR（フルサイズ）
- AF-S NIKKOR 800mm f/5.6E FL ED VR（フルサイズ）

AF-S NIKKOR 800mm f/5.6E FL ED VRで撮影。

**マクロレンズ（単焦点レンズ）**

近い距離で撮影することができる。完成した料理に近づいて撮ったりすることができる。

- AF-S Micro NIKKOR 60mm f/2.8G ED（フルサイズ）
- AF-S VR Micro-Nikkor 105mm f/2.8G IF-ED（フルサイズ）

AF-S Micro NIKKOR 60mm f/2.8G EDで撮影。

AF DX Fisheye-Nikkor 10.5mm f/2.8G EDで撮影。

**魚眼レンズ（単焦点レンズ）**

水平線や地平線がぐにゃっと歪んだ現実離れした写真が撮れる。

- AF DX Fisheye-Nikkor 10.5mm f/2.8G ED（フルサイズ）

**ポイント！**

### 野外でのメンテに便利 レンズペン

野外でレンズの汚れをきれいにクリーニングするのにオススメしたいのがハクバのレンズペンだ。ペンのような形をしていて、後ろのブラシでレンズのホコリをはらい、ペン先の部分で汚れを拭き取るようになっている。これプラスブロワも持って行けると良いが、これ一本でも対応できる。

ハクバ レンズペン3

タナちゃんねる【ソロキャンプ動画】

＼ 【第7章】ソロキャンプを配信! おすすめ撮影機材 ／

# 7章のテーマをさらに深掘り!

**【総額400万】カメラ機材紹介**
**(NIKONZ フルサイズレンズ＆GH5/G8 マイクロフォーズ)**
**野鳥 星空 動画撮影**

2019年11月現在の最新カメラ機材を紹介。星空／風景／野鳥／ポートレート／ファッションショー、キャンプ動画などの撮影に特化した自前のラインアップを公開。

---

**星空＆雲のタイムラプス撮り方 📷 撮影方法カメラ設定（夕日 月 星系 太陽）**
**キャンプ動画 YOUTUBER timelapse how to**

無人島の太陽が沈む様子、無人島からみる朝焼け、夜明けシーン、星空シーンなどタイムラプス動画の撮影方法やカメラの設定などの話。使用機材はNIKON Z 6など。

---

**星空レンズ3選 NIKON Z6+Z7で使用するSIGMA14 20**
**20mmの単焦点レンズの使用感（キャンプ動画、風景タイムラプス）**

気に入って使っている星空撮影用のレンズを3つ紹介。NIKON Z6+Z7で使用するSIGMA 単焦点広角レンズ Art 20mm F1.4 DG HSM ニコン用などによるキャンプ動画が見られる。

---

## 撮影地・使用機材いろいろタナさん youtube 動画の作例集

**陣馬形山頂上から見えるアルプスと星空**
**NIKON Z6＋SIGMA ART 14mm F1.8-ISO400 F1.8 8sec**

**陣馬形山頂上から見える光り輝く街並みと星**
**LUMIX DMC-G8＋OLYMPUS**
**25mm F1.2-ISO200 F1.2 8sec＋クロスフィルター**

**中禅寺湖の夜景と星空**
**NIKON Z7＋SIGMA 20mm F1.4 DG HSM**

**ハワイキャンプ場の太陽と雲**
**NIKON Z6＋SIGMA ART 14mm F1.8-ISO100 F13**
**1/400sec**

**道志の森の夏の渓流**
**LUMIX DMC-D8＋LEICA 12mm F1.4-ISO200 F16 1sec**

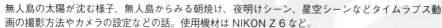

## タナ

福岡県出身。元テコンドー日本代表。キャンプ用品の買取販売店舗の会社経営兼、登録者数20.9万人超のソロキャンプYouTubeチャンネル「タナちゃんねる」を運営。キャンプ料理、道具レビュー、キャンパー取材などのキャンプにまつわる情報を配信している。2021年にはキャンプメーカー「TOKYO CRAFTS」を立ち上げ、一生使えるプロダクトをコンセプトに日本の職人の方々と共同開発し、素材、機能にこだわったオリジナルギアを展開。また、プライベートでは山林を2つ所有し、自身の山でキャンプを楽しんでいる。

### YouTube／タナちゃんねる

キャンプ情報が集まるYouTubeチャンネル。2018年11月から動画投稿を始め、登録者は20.9万人超。食欲をそそるキャンプ料理、キャンプ道具の徹底レビュー、200組を超えるキャンパー取材などが人気で、豪快に肉厚ステーキを焼く動画は290万回以上再生。キャンプ場での夜空のタイムラプスなど、見ごたえのある動画が満載。
(2021年6月時点)

### ブログ／タナちゃんねる

YouTube動画で投稿している内容のまとめ記事を中心に、キャンプ用品やキャンプ場に関する記事、「TOKYO CRAFTS」のプロダクト情報などをまとめたWebサイト。タナが使っているキャンプ道具や撮影機材はここですべてチェックできる。新刊や新商品など、タナに関する最新情報を随時発信している。

【STAFF】
編集協力　ナイスク http://naisg.com
　　　　　松尾里央　岸正章　須田優奈　染谷智美
執筆　伊大知崇之　落合真彩
デザイン・DTP　工藤政太郎
イラスト　アドプラナ

## タナさんにイチから教わる
# ようこそソロキャンプ!

2021年7月31日　初版第1刷発行

著　者　タナ
発行者　滝口直樹
発行所　株式会社マイナビ出版
〒101-0003　東京都千代田区一ツ橋 2-6-3 一ツ橋ビル2F
電　話　0480-38-6872（注文専用ダイヤル）
03-3556-2731（販売部）
03-3556-2735（編集部）
E-MAIL　pc-books@mynavi.jp
URL　https://book.mynavi.jp

印刷・製本　シナノ印刷株式会社



ISBN978-4-8399-7610-1